Das Leben der *Nesthäkchen*-Autorin
Else Ury

Marianne Brentzel

Mir kann doch nichts geschehen ...

Das Leben der *Nesthäkchen*-Autorin
Else Ury

mit dem Märchen
Im Trödelkeller

edition ebersbach

Bildnachweis
S.15: Gedenkstätte der Wannsee-Konferenz, Berlin; S.29: Landesarchiv Berlin; S.70: Ausgabe aus Meidinger's Jugendschriftenverlag von ca. 1923; S.161: Michael Ebeling.
Die Familienbilder auf den Seiten 41, 42, 99, 101, 103 und 131 stammen aus dem Familienalbum von Klaus Heymann.

Bibliografische Information der Deutschen Nationalbibliothek
Die Deutsche Nationalbibliothek verzeichnet diese Publikation in der Deutschen Nationalbibliografie; detaillierte bibliografische Daten sind im Internet über http://dnb.d-nb.de abrufbar.

1. Auflage 2007
© edition ebersbach
Horstweg 34, 14059 Berlin
www.edition-ebersbach.de
Umschlaggestaltung: ansichtssache – Büro für Gestaltung, Berlin
Satz: Birgit Cirksena, Berlin
Druck und Bindung: Impress d. d., Slowenien
ISBN 978-3-938740-54-5

Inhalt

Vorwort

»Zeitzeichen. Stichtag heute: 12.01.1943. Todestag der Jugend-buch-Schriftstellerin Else Ury. Ich sitze im Auto auf dem Weg zur Arbeit und höre WDR 2. Der Name Ury ist mir vertraut wie der Geschmack von Grießbrei aus meiner Kindheit. Nesthäk-chen. Ich höre die Stimmen aus dem Radio, ich sehe die stol-ze Serie von neun Bänden in meinem Bücherschrank vor mir. Eine Altmännerstimme sagt: ›Mir wurde in Amsterdam ein letzter Brief meines Vaters übergeben und da wurde berichtet, dass meine Tante am 6. Januar 1943 von der Gestapo verhaftet worden war. Wir wussten aber später aus Dokumenten, dass sie am 12. Januar nach Auschwitz deportiert wurde, also war sie anscheinend sechs Tage im Sammellager in Nord-Berlin, bevor sie in die Viehwagen nach Auschwitz kam.‹ Ich fahre den Wagen an den Straßenrand. Kein Wort will ich verpassen. Das Gehörte ist mir neu, erschüttert und verwirrt mich. Der Name Else Ury war fest in meinem Gedächtnis haften geblieben, über dreißig Jahre lang, unbelastet und geschichtslos. Else Ury – eine Jüdin? Else Ury – Opfer des Völkermordes in Auschwitz? Dass die Vergangenheit uns immer wieder einholt, wusste ich bereits, aber so konkret hatte ich es selten erfahren.«

Mit diesem Bericht leitete ich 1992 meine Else-Ury-Biografie *Nesthäkchen kommt ins KZ. Eine Annäherung an Else Ury* ein. Für mich war die Zeitzeichen-Sendung im Januar 1988 der Beginn einer intensiven Beschäftigung mit Else Ury. Zuerst nahm ich Kontakt zu Klaus Heymann, dem Alleinerben und Neffen Else Urys auf. Daraus wurde eine Freundschaft, die bis heute an-dauert. Klaus Heymann gab mir bereitwillig viele nützliche Hinweise, schenkte mir Familienbilder, überließ mir Briefe und Zeugnisse aus dem Leben Else Urys.

Das Echo auf das Erscheinen meines Buches war überwäl-tigend. Offensichtlich waren Else Urys Bücher, insbesondere die Nesthäkchen-Serie, für die Kriegs- und Nachkriegsgene-rationen der Frauen ein Teil ihrer Identität. Die Erschütterung über Else Urys Tod in Auschwitz war groß. Seitdem wurde wei-ter über Else Urys Leben und Werk geforscht, Ausstellungen entwickelt, neue Erkenntnisse gewonnen und sie wurde in die vierundzwanzigbändige Brockhaus-Enzyklopädie aufgenommen. In Berlin trägt eine Kinder- und Jugendbibliothek ihren Namen, am Savignyplatz gibt es inzwischen einen Else-Ury-Bogen und an ihrem Ferienhaus in Karpacz, vormals Krummhübel, ist eine Plakette zum Gedenken an Else Ury in deutscher und polnischer Sprache angebracht, an der Wand von *Haus Nesthäkchen* prangt die Inschrift: ›Dom Nesthäkchen‹. Eine Ausstellung in deutscher und polnischer Sprache erzählt vom Leben und Werk Else Urys. Tangermünde, die Herkunft der Familie Ury, restaurierte den jüdischen Friedhof, und auf einem der wenigen gut erhaltenen Grabsteine kann man den Namen einer ›Treudel geb. Ury‹ lesen. Else Ury hat Spuren hinterlassen, die weit über die Bekanntheit der Nesthäkchen-Bände hinausgehen.

Else Ury hat kein Grab in Berlin. Nur ein Memoriam auf dem Grabstein ihrer Eltern auf dem jüdischen Friedhof Weißensee erinnert an ihr Schicksal.

›Else Ury geb. in Berlin 1. Nov. 1877
deportiert von Berlin 12. Jan. 1943
und nicht zurückgekehrt.‹

Das genaue Todesdatum Else Urys war lange Zeit unklar. Die Gedenkstätte Auschwitz hatte 1988 auf Anfrage lediglich geantwortet, dass es keine Häftlingsnummer unter dem Namen Ury gäbe und man deshalb davon ausgehe, dass Else Ury entweder auf dem Transport gestorben oder direkt von der Rampe aus in die Gaskammer getrieben worden sei.

Erst die tiefgreifenden Veränderungen im Osten Europas in den Neunzigerjahren machten neue Forschungsarbeiten in Auschwitz möglich. So erhielt eine Gruppe Berliner Schüler für ihr Projekt ›Gedenkstättenarbeit‹ die Liste des Reichssicherheitshauptamtes vom 12. Januar 1943. Auf dieser Transportliste steht auch Else Sara Ury als eine von 1 100 Berliner Juden. Der Zug kam am 13. Januar in Auschwitz an. Die Koffer der Deportierten sind aufbewahrt. Ein Koffer trägt die Aufschrift: ›Else

Sara Ury. Berlin, Solinger Str. 10‹. Else Ury, 65 Jahre alt, wurde als ›nicht arbeitsfähig‹ eingestuft und noch am gleichen Tag in einer Gaskammer ermordet. Die Schülerinnen und Schüler des ›Projekts Gedenkstättenarbeit‹ haben das große Verdienst, diese Informationen der Öffentlichkeit zugänglich gemacht zu haben.

Else Ury, von den Kindern liebevoll ›die Ury‹ genannt, wuchs dicht beim Alexanderplatz auf. Bis 1905 lebte die Familie in Berlin-Mitte, in der Heiligegeist- und später der Poststraße. Über drei Generationen hinweg entwickelte sich der für jüdische Familien typische Aufstieg, der beruflich vom Händler zum Akademiker, örtlich von der Stadtmitte Berlins zum neuen Westen führte. Die Brüder Ludwig und Hans besuchten Gymnasien und wurden Rechtsanwalt bzw. Arzt, die Töchter gingen auf das angesehene Mädchenlyzeum in der Ziegelstraße, die Luisenschule.

Um 1905 zog die Familie in die neue Mitte, in die Kantstraße 30. Eine Plakette der preußischen Porzellanmanufaktur – angebracht vom Bezirksamt Charlottenburg – erinnert seit 1994 an den langjährigen Wohnort der Schriftstellerin. Dort lebte sie bis 1932, später am Kaiserdamm. Die Wohnung in der Kantstraße, im zweiten Stock, dicht beim Savignyplatz, wurde ihre Schreibstube, ihr Zuhause. Mit der Machtergreifung der Nationalsozialisten ist diese Welt ein für alle mal untergegangen. Else Ury wurde zur verfemten Jüdin. In ihrer bekannten literarischen Hinterlassenschaft, 39 Mädchen- und Märchenbücher und zahlreiche kleinere Veröffentlichungen, gibt es keinerlei Hinweise auf die jüdische Tradition, auf die spezifischen Feiertage und Rituale. In ihrem realen Leben waren sie jedoch äußerst präsent. Das lässt sich zumindest an einem kaum bekannten Märchen ablesen, das erst vor wenigen Jahren wieder entdeckt wurde. *Im Trödelkeller* heißt die Geschichte und geht zurück auf einen Wettbewerb, den die Großloge B'nei B'rith, der Verband jüdischer Freimaurerlogen, 1908 ausrichtete. Interessant ist auch die Erzählung *Die erste Lüge*, die vom Laubhüttenfest, dem jüdischen Herbst- und Erntedankfest, handelt. In ihren populären Backfischromanen beschreibt Else Ury ein eher überkonfessionell religiöses Leben. Nur Weihnachten, das deutscheste aller christlichen Feste, spielt eine herausragende Rolle. In keinem Kinderbuch strahlt der Weihnachtsbaum so hell, schneit es so wunderbar Silberschnee am Heiligabend, ist die Familie so harmonisch beieinander wie bei Else Ury.

Von diesen frühen Leseerfahrungen verführt, haben die meisten Leserinnen auch als erwachsene Frauen nicht gewusst, dass Else Ury Jüdin war. Ihr Schicksal – der Tod in Auschwitz – wurde noch Jahrzehnte nach dem Kriegsende von der Öffentlichkeit, insbesondere den Verlegern und Germanisten, ignoriert oder verschwiegen. Und das, obwohl sie eine anerkannte und berühmte Schriftstellerin war, ihre Bücher längst millionenfach verkauft und ihre Nesthäkchen-Figur Heldin einer viel gesehenen Fernsehserie wurden.

Positiv gelesen ermöglicht die nicht konfessionell festgelegte Gottgläubigkeit in Else Urys Büchern den Lesern aller vorhandenen Religionen die Identifikation mit den beschriebenen Figuren. Wir können es ganz im Sinne Else Urys als ein Element der religiösen Toleranz verstehen, die sie, geprägt von den Gedanken von Lessings *Nathan der Weise*, ihren kleinen Lesern und Leserinnen vermitteln wollte. Es ist nicht wichtig, ›ob Christ ob Jude‹, es kommt darauf an, Mensch zu sein. So betrachtet, fügt sich Else Ury in die bedeutende Tradition assimilierter jüdischer Autoren, die der Toleranz und Säkularität in unserem Land den Weg bereitet haben.

Aus heutiger Sicht ist die Beziehung Else Urys zum Judentum eng verwoben mit der Geschichte der Vernichtung des Judentums in Deutschland. Die Frauen der Nachkriegsgenerationen können Else Urys Bücher nicht mehr ohne die Kenntnis ihres Todes wahrnehmen. Doch spiegelt die Rezeption der Ury-Bücher nach 1945 die bornierte Blindheit der Nachkriegsgesellschaft gegenüber der jüngsten deutschen Geschichte und insbesondere der Shoah.

Die Verlage und Fernsehanstalten ebenso wie die meisten Frauen, die im Krieg als Kinder die Nesthäkchen-Bücher lasen, hätten eine Ahnung von Else Urys Schicksal haben müssen. Dass es noch einmal eine ganze Generation brauchte, um diese Kenntnis zur öffentlichen Sache zu machen, zeigt, wie schwer sich auch die Frauen nach dem Zweiten Weltkrieg taten, sich der Geschichte ihres Volkes zu stellen und sie an ihre Kinder und Enkel weiterzugeben.

Die ersten neuen Nesthäkchen-Bände erschienen 1948. Der Testamentsvollstrecker Kurt Landsberger fand in Düsseldorf die geeigneten Partner für die Neuauflage der berühmten Serie. Das Ehepaar Hoch führte dort einen kleinen Verlag und traute sich den Neuanfang zu. Die Texte wurden im Stil der Zeit überarbeitet und gekürzt. Oft nicht zu ihrem Vorteil. Teilweise machten die neuen Bände nur noch 70 Prozent des Originaltextes aus. Dies bedeutete insgesamt eine Störung des Aufbaus, eine entscheidende Änderung der Erzählrhythmen, der Intentionen und Charakterisierungen hin zu mehr klischeehafter Darstellung. Der ursprünglich vierte Band *Nesthäkchen und der Weltkrieg* wurde wegen seiner kriegsverherrlichenden Tendenzen nicht wieder aufgelegt. Der Hoch Verlag konnte in der Folge enorme Verkaufserfolge mit der Nesthäkchen-Serie verbuchen. Mehr als 3 Millionen Exemplare wurden ab den Fünfzigerjahren von der nunmehr neunbändigen Serie abgesetzt, noch mal eine halbe Million mit Sammelausgaben anderer Verlage. Mitte der Achtzigerjahre ging die Serie an den Thienemann Verlag, der keine gründliche Überarbeitung einleitete und sich auch weiterhin wissentlich über das Schicksal der Autorin ausschwieg. Nach der Wende 1989/90, als die Bände erstmals in der ehemaligen DDR zu haben waren, erlebte die Nesthäkchen-Serie erneut einen Verkaufsboom. Der Verlag konnte damals kaum die Nachfrage bedienen, und in den ostdeutschen Bibliotheken waren die Bücher immer ausgeliehen. Neuerlich ist eine dem Originaltext stärker angelehnte Taschenbuchausgabe bei Bertelsmann erschienen. Hier wird im Klappentext endlich auch Else Urys Schicksal erwähnt.

Else Urys Bücher waren in beiden deutschen Diktaturen dieses Jahrhunderts – mit unterschiedlichen Begründungen – verboten. Im Nationalsozialismus vor allem aus antisemitischen Gründen, in der DDR wegen der ›bürgerlichen Dekadenz‹ der beschriebenen Verhältnisse. Wer genau hinsieht, erkennt, dass sich die Mädchen- und Frauengestalten Else Urys nicht in die üblichen Schubladen pressen lassen. Den nationalsozialistischen Zensoren war Nesthäkchen zu aufmüpfig, zu wenig unterwürfig und obendrein noch studiert. Das passte nicht in das geforderte Bild der führergläubigen Mutter zukünftiger Soldaten und selbstverständlich auch nicht in die Vorstellungen der Kulturfunktionäre der DDR. In Romanen, wie z. B. *Wie einst im Mai*, die heute lange vergessen sind, beschreibt Else Ury den harten Kampf der ersten Ärztin mit eigener Praxis und auch den Versuch, eine partnerschaftliche Ehe zu führen, in der Mann und Frau ihrem Beruf weiter nachgehen.

Else Ury ist nicht länger vor allem die geistige Mutter einer ›heilen Welt‹. Die Neugier und Zuneigung für die Verfasserin der Nesthäkchen-Bücher sind bis heute ungebrochen. Else Ury, das macht das nicht nachlassende Interesse an ihr deutlich, ist den einfachen Formeln und Zuordnungen längst entwachsen.

Deshalb habe ich mich entschlossen, eine Neubearbeitung vorzulegen, die dieser Sicht Rechnung trägt. Auch bei mir hat sich in den letzten Jahren das Bild von Else Ury verändert. Selbstverständlich beruht die erneute Lebensbeschreibung auf meiner ersten Annäherung an Else Ury, *Nesthäkchen kommt ins KZ*, und die Leser und Leserinnen des ersten Buches werden bekannte Passagen wiederfinden. Vor allem aber werden sie die jüdischen Spuren in Else Urys Leben deutlicher wahrnehmen. Es geht mir um die enge Verwurzelung Else Urys im Judentum und die Erkenntnis, dass sie nicht nur eine assimilierte und der deutschen Kultur eng verbundene Frau war, sondern dass sie mit ihren Büchern selbst einen bedeutenden Beitrag zur Assimilation geleistet hat. Wie viele andere jüdische Schriftsteller und Schriftstellerinnen ihrer Zeit sah Else Ury in der Toleranz und Menschlichkeit die verbindenden Werte der deutschen Kultur jenseits aller konfessionellen Schranken. Dieser Tradition fühlte sie sich verbunden und wollte sie für Kinder aller Altersgruppen veranschaulichen. Ein selbstverständlicher Teil ihres Lebensgefühls war der Patriotismus, den sie entsprechend dem Zeitgeist darstellte. Dieser Heimatglaube machte sie anfangs blind für die Brutalität und den Vernichtungswillen der Nationalsozialisten und ließ sie das Buch *Jugend voraus* schreiben, in dem Hitler als ›politischer Vorfrühling‹ dargestellt wird.

Die 68er Generation, der ich angehöre, hat diesem Denken eine entschiedene Absage erteilt. So wird sich mancher fragen, warum ausgerechnet ich, die aktiv an der Studentenbewegung beteiligt war, mich so intensiv mit Else Ury, einer konservativen, unpolitischen Frau des Bürgertums, befasse.

Bei den Biografien über Frauen, die ich inzwischen geschrieben habe, interessierten mich immer vor allem die Brüche und Verwerfungen im Leben der Protagonistinnen. Bei Else Ury ist es die Faszination des Widerspruchs zwischen der Nesthäkchen-Welt und dem dahinter lauernden realen Grauen im Leben der Autorin. Auch resultiert sie aus der Begeisterung über die Vielseitigkeit von Else Urys Frauenfiguren, die teils angepasste Mütter und Ehefrauen, teils von der frühen Frauenemanzipation geprägte mutige Pionierinnen der weiblichen Ausbildung und Berufstätigkeit sind, und nicht zuletzt die Erschütterung über die Unmöglichkeit, das schriftstellerische Werk von Else Ury mit dem Tod in Auschwitz zusammenzubringen.

Diese Tatsachen gekoppelt an die vielen neuen Forschungsergebnisse und das lebendige Interesse der Öffentlichkeit, welches ich in zahllosen Lesungen der vergangenen 15 Jahre erfahren konnte, haben mich zu einer ›zweiten Annäherung‹ an Else Ury bewogen.

Mein Dank für Unterstützung und Hilfe geht an:

Klaus und Lilo Heymann, London; Dr. Diana Schulle, Berlin; das Centrum Judaiicum, Berlin; Michael Ebeling, Hamburg; Ellen Widmaier, Dortmund und zahlreiche kompetente Bibliothekare und Archivare in Berlin, Dortmund und Frankfurt.

Prolog

Ein kleiner schwarzer Koffer.

Ein Ausstellungsstück, beschriftet mit weißer Farbe: ›Else Sara Ury, Berlin – Solinger Str. 10‹. Zu sehen in der Gedenkstätte der Wannsee-Konferenz zum Völkermord an den europäischen Juden. Die Nachgeborenen betrachten ihn respektvoll.

Von Zuhause nach irgendwo wird der Koffer reisen. Weisungsgemäß mit Name und Adresse versehen, fertig gepackt. Alles muss bereit sein. Vor allem der Koffer. Die Anweisung vom Reichssicherheitshauptamt ist zugestellt. Die Liste mit den Kleidungsstücken: Hemden, Socken, Unterhosen. Anzahl und Art sind genau festgelegt. Sie wird den Koffer nehmen, in den Abendstunden, wenn der Lastwagen sie abholt, um sie in die Deportationssammelstelle zu bringen. Von dort wird es zum Güterbahnhof Moabit gehen, in den frühen Morgenstunden, in Kälte und Dunkelheit. Der Koffer wird mit 1 100 anderen im Kofferwaggon landen, dann in einem Lagerraum von Auschwitz, ausgeleert, der Inhalt entwendet. Man wird ihr alles nehmen. Erst den Koffer, dann das Leben.

Sie seufzt und packt. Im Osten soll es kalt sein, sehr kalt. Warum stehen weder Wintermantel, Schal noch Handschuhe auf der Liste? Gehören sie nicht zu den erlaubten Dingen, die sie brauchen wird? Von Zuhause nach irgendwo wird sie gehen.

Es klingelt. Ein Lastwagen mit laufendem Motor steht vor der Tür. Sie nimmt den Koffer und geht los. Aus der Solinger Straße 10, dem Judenhaus, in dem sie seit 1939 wohnt. Im Lastwagen stehend, sich aneinander festhaltend, zur Deportationssammelstelle, einst Altenheim der Jüdischen Gemeinde. Vorbei an der geschändeten großen Synagoge. Große Hamburger Straße 26 heißt die Adresse. Und dort? Wird sie lange warten müssen auf den Weitertransport? Vielerlei Gerüchte hat sie gehört. Nicht darüber nachdenken.

Zurückdenken. Der erste Gang in die Synagoge. Gelöste, feierliche Stimmung in der Heidereutergasse damals. Mit der Mutter ging sie durch den Torbogen, tauchte in die Dunkelheit des Vorraumes ein, stieg zur Frauenempore hinauf. Eine Welt voller fremdartiger Gerüche und wunderbares Licht umgaben sie. Einsamkeit und Todesangst umgeben sie jetzt. Da sind keine schützenden Hände mehr. Da sind Greifhände, denen alles erlaubt ist: die alte Jüdin blutig schlagen, töten. Nur nicht daran denken. Weit zurückdenken. Synagoge. Vater. Mutter. Licht. Duft. Sprechender Singsang. Frauen, die sie herzen und streicheln, ihr Süßigkeiten zustecken, bereitwillig Platz machen, um sie an die Balustrade zu lassen. Den Vater will sie sehen unter den betenden Männern und Knaben, die weiße Mäntel und silberschimmernde Tücher umgelegt haben. Und dann ist da der rhythmische Wechselgesang, der alte, bärtige Mann, der mit dem riesigen Thora-Zeiger über eine große Rolle fährt. Schön war es damals. Heute ist die Welt dunkel und kalt. Seit Tagen dreht sich alles nur um Listen. Sie hat sie ausgefüllt und unterschrieben ›Else Sara Ury‹.

Letzte Nacht hat es geschneit. Das macht keine Freude mehr. Weiß wie Schnee – das war in den Märchen, als sie ein Kind war, im Grunewald, im Riesengebirge. Krummhübel – Welten entfernt. Zurückdenken. Die Veranda im Haus Nesthäkchen, blühender Weißdorn, im Liegestuhl schreiben, frei atmen, die herrlich frische Luft nach den kurzen Gewittern. Weiter zurück: Ostseestrand, die kleinen frechen Jungen, die davonlaufen, braun oder blond – Kindersorgen. Ihre Tränen und die Arme des Kinderfräuleins, sie schützend und liebkosend. Die Erinnerung füllt sie für eine kurze Zeit aus. Dann fällt die nahe Zukunft sie wieder an.

Die Handtasche mit den Papieren hat sie fest an sich gepresst. Links, dort wo der Stern aufgenäht ist, mit winzig kleinen, ordentlichen Stichen. Der Herzschlag geht mal rasend, mal schleppend gegen das aufgenähte Zeichen. Sie ist da. Große Hamburger Straße 26. Ein Davidstern ist auf die Tür geschmiert. Jüdische Ordner mit weißen Armbinden helfen den Ankommenden aus dem Lastwagen. Von Zuhause nach irgendwo wird es weiter gehen. Else Ury, geboren am 1. November 1877. Es ist der 6. Januar 1943.

Eine jüdische Kindheit
(1877–1889)

Die angesehene *Vossische Zeitung* in Berlin meldete am 1. November 1877: »Durch die heute Nachmittag 4 Uhr erfolgte glückliche Geburt eines munteren Töchterchens wurden erfreut Emil Ury und Frau Franziska, geborene Schlesinger.«

Else Ury war das dritte Kind des Tabakfabrikanten Emil Ury. Sie wurde in eine Welt hineingeboren, in der die Berliner Juden und mit ihnen das kaisertreue, gebildete Bürgertum an die Unaufhaltsamkeit des Fortschritts glaubten. Man flanierte Unter den Linden, machte gute Geschäfte, applaudierte dem Hof bei seinen Ausritten und bewunderte den Eisernen Kanzler Bismarck, der das deutsche Reich geeint und den Fortschritt der Geschäfte damit mächtig befördert hatte. Als der Jubel über die Reichseinigung verklungen war und die überstürzte Industrialisierung zu schweren Wirtschaftskrisen und sozialen Missständen führte, musste ein Sündenbock gefunden werden. Der Historiker Heinrich von Treitschke sprach aus, was die Zukurzgekommenen aller Schichten gern nachplapperten: ›Die Juden sind unser Unglück.‹ Es gab um die Jahrhundertwende die heftigsten Auseinandersetzungen um die Judenfrage, je nach dem Auf und Ab der wirtschaftlichen Lage mit mehr oder weniger Publikumserfolg.

Der Stammbaum der Familie Ury reicht bis weit ins 18. Jahrhundert hinein. Namen wie Davidsohn, Wallenberg, Rosenstein, Friedländer und Schlesinger tauchen darin auf. Schon in der dritten Generation war die Familie Ury in Berlin ansässig. Aus Tangermünde kommend, erhielt der Großvater von Else Ury, der Kaufmann Levin Elias Ury, 1828 vom preußischen König Stadtbürgerrecht in Berlin. Noch heute ist auf dem restaurierten jüdischen Friedhof in Tangermünde ein Grabstein der Vorfahren mit der verwitterten Inschrift ›Treudel geb. Ury‹ zu sehen. Levin Elias Ury wurde in Berlin-Mitte Vorsteher der großen jüdischen Gemeinde und organisierte aus demokratischer Gesinnung eine Trauerfeier für die Gefallenen der Märzrevolution von 1848 in der Alten Synagoge Heidereutergasse. Als der wohltätige Mann starb, folgte seinem Sarg ein langer Zug weinender Juden. Sie hatten mit ihm einen Freund verloren. In der jüdischen Gemeinde war das Gedenken an den einstigen Gemeindevorsteher Ury noch lange Jahre präsent.

Die Urys lebten als angesehene, dem liberalen und demokratisch gesonnenen Bürgertum verbundene Familie. Im kaiserlichen Deutschland waren sie den herrschenden Verhältnissen loyal ergeben und in der familiären Privatheit zufrieden. Es war der autoritäre Staat des wilhelminischen Kaiserreichs, der diese fortschrittsgläubige, assimilierte Schicht von Kaufleuten und Intellektuellen hervorbrachte, die dem aggressiven Antisemitismus des damaligen Hofpredigers Stöcker ebenso misstrauisch und distanziert gegenüberstand wie dem entstehenden Zionismus. Doch eine Familie Ury kümmerte sich nicht darum, wollte in Ruhe den Geschäften nachgehen, den Kindern eine anständige Ausbildung ermöglichen und anerkannte Bürger unter anerkannten Bürgern gleich welcher Konfession sein. Anpassung galt der Mehrheit der Juden als das Gebot der Stunde.

Else Urys Bücher spiegeln diesen Teil der deutschen Geschichte nicht wider. Auch die Verwurzelung in der jüdischen Tradition mit ihren Feiertagen und Speiseriten fehlt in den meisten Büchern. Vielmehr erzählt sie Geschichten von glücklichen Kindheiten, in denen die kleinen Alltagssorgen mit Berliner Humor, gutem Willen, unbeschwertem Gemüt und geborgen durch die Liebe und Fürsorge der Eltern bewältigt werden. Wer dieser Grundstimmung ihrer Erzählungen nachspürt, mag sich auch Else Urys Kindheit vorstellen, die gut behütet in einer großen Familie aufwuchs. Die Familie wohnte damals in der Heiligegeistraße, ganz nah bei der Heidereutergasse mit der alten, später von Bomben zerstörten Synagoge. Nördlich vom Alexanderplatz lag das Scheunenviertel, ein Ort, der eng mit dem massenhaften Zuzug osteuropäischer Juden verbunden war. Er galt zur Zeit ihrer Kindheit als Getto, als Unort, der nur mit einem gewissen Schaudern betreten werden konnte. Das Viertel zwischen Rosen- und Grenadierstraße

19

lag ursprünglich vor den Toren Berlins und war deshalb gut genug für die Scheunen mit dem Vieh, das auf Berlins Märkten verkauft wurde. Doch Berlin wuchs rasant und in das Viertel der Münz-, der Mullack- und der Grenadierstraße zogen die Armen ein, vor allem die armen Juden aus Osteuropa, die Planjes, wie sie verächtlich – auch in den Familien Ury und Heymann – genannt wurden. Mit ihnen hatte man keinen Kontakt, sie waren undeutsch, der Inbegriff des Fremden. Sie liefen mit Schläfenlocken, schwarzem Kaftan und Kippa umher, hatten zahllose Kinder, machten ungute Geschäfte. Ein Armenviertel, ein Scheunenviertel, auch ein Hurenviertel. Eine Welt für sich, die ein deutscher Bürger, gleich welcher Konfession, nicht gern betrat. Die Synagoge Heidereutergasse lag am Rande des Viertels. Bis dort war der Weg von Else Urys Zuhause nur ein Katzensprung, eben mal die breite Spandauerstraße überquert und schon war man in der Stille der Gasse, wo die Gläubigen in den Bethäusern ein- und ausgingen. Wer hier groß wurde, wenn auch als behütetes, kleines Mädchen, vergaß das nie.

Der Vater, Emil Ury, geboren 1835, hatte das Köllnische Gymnasium besucht, eine kaufmännische Ausbildung gemacht und war Inhaber der Tabakfirma Jacob Doussin & Co geworden. Doch das Geschäft mit Schnupf- und Kautabak wurde um 1900 immer stärker von der Zigarettenproduktion verdrängt. Leichten Herzens gab Emil Ury die Fabrik auf. Viel lieber ließ er sich als Festredner auf zahllosen Hochzeiten und Familienfeiern engagieren. Er war ein humoriger Mann, der gern lustige Geschichten erzählte und witzige Toasts auf die Gäste ausbrachte. Auch war er zeitlebens ein frommer Mann, der noch ganz in der Tradition des orthodoxen Judentums lebte und die religiösen Gebote einhielt. Die Kinder wurden ebenfalls im jüdischen Glauben erzogen. 1869 hatte Emil Ury Franziska Schlesinger geheiratet. Auch sie stammte aus einer alten jüdischen Familie. Ihr Vater lebte vom Altkleiderhandel, fühlte sich aber vor allem als Dichter und Musiker und ließ die Tochter die höhere Mädchenschule besuchen. Franziska Ury wurde geschätzt als große Kennerin der klassischen Literatur, kannte viele Gedichte und Balladen auswendig und sprach bis ins hohe Alter fließend Englisch und Französisch. Bildung und Religiosität, zusammen mit einem selbstverständlichen Patriotismus, bestimmten das Leben und Denken im Elternhaus von Else Ury. Der älteste Sohn, Ludwig, 1870 geboren, besuchte das Gymnasium zum Grauen Kloster, studierte Jura und wurde Rechtsanwalt. Der zweite Sohn, Hans, drei Jahre später geboren, wurde Facharzt für Magen- und Darmkrankheiten. Dann folgten Else und das eigentliche Nesthäkchen der Familie, Käthe, vier Jahre danach. Der Haushalt wurde einfach und bürgerlich geführt. Man hatte Hilfskräfte, packte aber auch selbst mit an und erzog die Kinder zu Sparsamkeit, Fleiß und Pflichtbewusstsein.

Das religiöse Leben spielte in Else Urys Kindheit noch eine bedeutende Rolle. Noch vor dem Beginn der Schulzeit wurde sie an hohen Feiertagen von den Eltern mit in die Synagoge genommen. Hätte die Schriftstellerin Else Ury in ihren Backfischromanen je davon berichtet, würde sie wahrscheinlich einen besonderen Feiertag gewählt haben, wie sie in ihren Büchern immer wieder gern und ausführlich die Feste im Kreise der Familie schilderte.

Stellen wir uns einen kalten, sonnigen Herbstmorgen im Oktober 1882 vor. Jom Kippur, der höchste Feiertag aller Juden. Der Tabakfabrikant Ury machte sich mit seiner Frau und seiner Tochter Else auf, um zur Synagoge zu gehen. Jom Kippur heißt auch ›der lange Tag‹. Er wird mit strengem Fasten, feierlichem Sündenbekenntnis und in ununterbrochenem Gebet begangen. Es ist der Tag der Buße, an dem Gott den Menschen ihre Sünden vergeben wird. Daher auch der Name ›Versöhnungstag‹. Die Männer im Gottesdienst legen weiße Mäntel um, als Symbole des Sterbens und der Buße. Der Vater fastete und auch die älteren Brüder übten sich früh darin, lernten die religiösen Gebote am Vorbild der Eltern.

Auf dem Fußweg zur Heidereutergasse war das Außergewöhnliche des Tages deutlich zu spüren. Ein ständiges Kommen und Gehen von festlich gekleideten Männern und Frauen, die teils zur Synagoge strebten, teils von dort kamen, erfüllte die Gasse. Die Geräusche des Alltags blieben hinter ihnen zurück. Die Synagoge entsprach ganz und gar nicht den Vorstellungen von prachtvollen Kirchen. Kein riesiges Gebäude, kein Turm, kein verziertes Tor. Ein schlichtes Bürgerhaus, ein Steinbau unter vielen. Durch den überbauten Torbogen traten die Urys in den Synagogenhof. In dem Vorderhaus der Synagoge befand sich das Quellbad, die Mikwe. Die Mutter erklärte ihr flüsternd etwas vom rituellen Reinigungsbad der Gläubigen. Doch heute herrschte hier Stille, keine Frau, niemand war zu sehen. Da dem Tempel die Besonderheit vorgeschrieben war, nicht höher zu sein als ein einstöckiges Bürgerhaus, die Geschlechter sich aber getrennt im jüdischen Bethaus aufhalten mussten, wurde die Synagoge unter das Niveau der Straße gebaut, und man ging einige Stufen hinab, um dann wieder hinaufzusteigen. Hier musste Else sich vom Vater trennen. Für die Frauen und Mädchen führte eine Treppe zur Empore hinauf. Zwischen leise plaudernden Frauen in knisternden Röcken und bunten Tüchern durfte das Kind bis vorn an die Balustrade gehen. Auf dem Schoß der Mutter sah sie in den großen Innenraum, der von den Kerzen der vielarmigen Leuchter erhellt war. Hier umfing sie eine andere Welt, losgelöst von allem Alltäglichen.

Die Männer und Knaben, in weiße Sterbegewänder gehüllt, den silberschimmernden Tallis umgelegt (ein Gebetstuch, das über den Mantel gebunden wird. An Jom Kippur ist es weiß-silbern, sonst hell mit dunklen Randstreifen und Fransen), bewegten sich heftig hin und her, sprachen laut und rhythmisch ihr unverständliche Gebetsformeln. Ein schwarzbärtiger Mann stand an einem Pult und führte einen riesigen Thora-Zeiger über Papierrollen. Nur mit einem Thora-Zeiger, nicht mit der Hand, darf die in der Synagoge aufbewahrte Gesetzesrolle berührt werden. Auf die Rolle sind die fünf Bücher Moses geschrieben. (Thora-Zeiger sind aus Silber, Gold oder Holz, oft edelsteinbesetzt und mit Widmungen versehen.) Der Mann erschien dem Kind wie ein Zauberer aus einer Märchenwelt. Elses Augen suchten den Vater. Er kniete am Rand, im weißen Gewand, ihr weit entrückt. Jungen versammelten sich um den Tisch des Bärtigen und beantworteten seine halb gesungenen, halb gesprochenen Worte mit rhythmischem Sprechgesang. Else konnte sich von dieser Fülle der Eindrücke gar nicht trennen.

In der Synagoge Heidereutergasse wurde der Gottesdienst noch ganz nach der Väter Sitte in Hebräisch abgehalten, die Gemeinde fühlte sich dem orthodoxen Judentum verpflichtet. Vater Ury entrichtete regelmäßig seinen Obolus für die Gemeinde, feierte am Freitagabend mit der Familie das Shabbesmahl, zündete am Chanukka-Fest die Kerzen an. Die Söhne Ludwig und Hans würden im Alter von dreizehn Jahren die Bar Mizwa feiern, die feierliche Einführung der jüdischen Jungen in die Gemeinde.

Die Urys, und mit ihnen Tausende jüdische Bürger, waren geschätzte Nachbarn, Kollegen, Geschäftspartner. Unterschiede zum Leben der christlichen Bürger gleicher Schicht gab es nur wenige. Ob Christ oder Jude, die Öffentlichkeit wusste Bescheid und man respektierte einander. Im Privaten hielt man jedoch meist Distanz. Freundschaften über die Konfessionsschranken hinweg gab es nur selten.

Die jüdischen Frauen führten genauso wie ihre christlichen Schwestern den endlosen Kampf gegen Schmutz und Unordnung und die jüdischen Zeitungen und Ratgeber ermutigten sie darin, mit ihrem Hausfrauenfleiß nicht nur den Bedürfnissen der Familie Rechnung zu tragen, sondern auch denen der Wirtschaft, der Gesellschaft und des Staates: »In den letzten Jahren hat sich die Erkenntnis immer mehr Bahn gebrochen«, schrieb der – jüdische – *Generalanzeiger*, »dass von der richtigen Führung eines Haushalts nicht nur der Wohlstand des Hauses und das gute Gedeihen der Familie, sondern das wirtschaftliche Gedeihen von Gemeinden, ja des Staates abhängt. Der Frau und Mutter fällt dadurch eine hohe, wichtige Aufgabe zu. Sie hat für das körperliche und geistige Wohlbehagen aller Familienangehörigen, für Ordnung, Sauberkeit, Pünktlichkeit im Haus, für hygienische Einrichtungen der Wohnräume, für gesunde und zweckmäßige Ernährung der Hausgenossen Sorge zu tragen (…) Wenn sie diese Aufgaben voll und ganz zu erfüllen im Stande ist, trägt sie auch ein gut Teil zur Lösung der sozialen Frage bei.« Bei all dem ging es für die jüdischen Familien unter der Hand auch um die Anerkennung im bürgerlichen Milieu, um die Akzeptanz als Bürger unter gleichberechtigten Bürgern. »Ein gut geführter Haushalt, sorgfältig ausgewählte Möbel und gut gebügelte Kleidung waren die Insignien von Vornehmheit, Kultiviertheit und Bildung. Ein bürgerliches Heim verkündete, dass Juden charakterlich dafür geeignet waren, gleichberechtigte Bürger im neuen Staat zu sein.« Mutter Franziska Ury kam all diesen vielfältigen Anforderungen der Assimilation der jüdischen Familie an die bürgerliche Gesellschaft des Kaiserreichs in hohem Maße nach.

Und doch gab es im Leben eines jeden Juden und einer jeden Jüdin diesen schmerzlichen Augenblick, an den sie sich zeitlebens erinnerten: wenn sie zum ersten Mal unbarmherzig darauf gestoßen wurden, anders zu sein als die Mehrheit, anders sogar als die, mit denen man gerade noch von gleich zu gleich geplaudert und gefeiert hatte. Dieser ›Verlust der Harmlosigkeit‹, wie es ein jüdischer Zeitzeuge nannte, konnte vielerlei Gestalt annehmen.

Auch Else Ury wird diesen Augenblick als Kind erlebt haben und sie wird sicher nicht, wie der Neffe aus der nächsten Generation, von sich gesagt haben: ›Ich wusste als Kind gar nicht, dass ich ein Jude war.‹ Etwa, als lange vor Beginn der massentouristischen Zeit unter den wohlhabenden Familien die Sommerfrische in Mode kam. Die Familie fuhr mit Kinder- und Stubenmädchen, mit Hutschachteln und Schrankkoffern, mit Sandschaufeln und Spielzeugkisten ans Meer, an die Ostsee. Im Haus Meeresblick bei den Wirtsleuten Petersen wurde Quartier genommen. Die Suite mietete man für drei oder vier Wochen. Kinder zahlten die Hälfte. Zu zahlen war nicht wenig. Auch an der Ostsee wollten die Leute Geld verdienen. Der Wohlstand aus Berlin schwappte somit nach Warnemünde über. Einig Deutschland machte die Geschäfte flott.

Angekommen am Wasser, hat das Kinderfräulein einen Zettel aus dem Handarbeitsbeutel genommen, vergleicht die Nummern auf den Rücken der Strandkörbe, nickt zufrieden, legt den Beutel in den blaugestreiften Innenraum und geht zu den kleinen Mädchen ans Meer. Knickse, Köpfe streicheln, Ermahnungsrufe. Das Fräulein sitzt nun mit ihrer Handarbeit bequem im Strandkorb, genießt die

Ruhe. Kinder laufen über den morgenleeren Strand, rufen, balgen, bespritzen sich mit Wasser. Sie schließt entspannt die Augen, öffnet sie einen Spalt. Ein beruhigender Blick zu der Kleinen.

Plötzlich zerbricht die Stille. Ein spitzer Schrei. Das Kind wirft sich dem Fräulein entgegen. Geschüttelt von Weinen, unfähig zu sprechen. Wer hat ihrem Elschen etwas angetan? Wo sind die Bösewichter? Da laufen zwei, drei größere Kinder davon.

Was ist passiert? Kein Wort. Nur Tränen. Sie trägt das Kind zum Strandkorb. Die Hände hält Else fest auf den Kopf, lässt sie sich nicht herunternehmen. Schließlich erfährt das Fräulein den Kummer. Jude. Judenkind, haben sie geschimpft. Braun sei sie, nicht blond. ›Juden sind immer braun‹, hat der fremde Junge gesagt. ›Nur blond ist wie Gold. Das ist schön‹, haben sie gerufen. Das Kinderfräulein nimmt die Kleine an die Hand, zieht sie mit sich.

Bisher hat die jüdische Tradition im Alltag keine Rolle gespielt. Die Erzieherin dachte wie die Eltern Ury: Religion ist Privatsache. Die Hatz auf Juden oder solche, die man dafür hielt, war ihr gänzlich fremd. Zwar hatte sie schon in Berlin davon gehört, dass man Menschen, die man für Juden ansah, ob dunkelhaarig oder mit kräftigen Nasen ausgestattet, auf der Straße angepöbelt oder gar angegriffen hatte. Doch im Hause Ury ist bis zum heutigen Tag kein Wort darüber gesagt worden. Man muss das Gerede einfach nicht beachten. Aber wenn jetzt schon die unschuldigen Kinder von Gleichaltrigen angegriffen werden, dann kann man nicht mehr schweigen. Sie versuchen dennoch unbefangen zur Tagesordnung einer Familiensommerfrische überzugehen. Vielleicht hat der Vater, der immer so gern Geschichten erzählte, seine Tochter zu einem Spaziergang mit ans Meer genommen und ihr das Märchen von Schneewittchen erzählt: ›Es war einmal ein Mädchen, das war weiß wie Schnee und rot wie Blut, und die Haare waren schwarz wie Ebenholz, und das Mädchen wuchs heran und war sehr schön ...‹

Zusammen mit den Geschwistern wuchs Else in einem großen Kreis von Verwandten auf, die häufig zu Besuch kamen oder im Familienverband besucht wurden. Sie boten Anlässe zu ausgiebigen Kaffeestunden und immer auch eine Gelegenheit, den einfachen Speisenplan des Alltags zu veredeln, was die Kinder natürlich besonders liebten. Manches Mal fuhr man auch in Richtung Westen, in das damals noch selbständige Charlottenburg, staunte über die Anlage neuer Prachtstraßen und Kaufhäuser, oder ging in den Zoologischen Garten. Die Pferdedroschke fuhr die Gesellschaft zum Eingang des Zoologischen Gartens. Der war 1844 erbaut worden und gilt als der älteste Zoo Deutschlands. Auf dem Weg dorthin erlebten die Geschwister aus der Kutsche heraus den geschäftigen Alltag der Hauptstadt, der einen kolossalen Wirbel entfaltete, als wolle er den behüteten Kindern aus dem alten Berlin einmal mit ganzer Kraft vorführen, was eine wirkliche Großstadt war: schimpfende Kutscher, schreiende Zeitungsausrufer, schnauzende Händler mit Holzkarren, keifende Marktweiber, Horden von bettelnden Straßenjungen, Blinde, die armselige Waren am Straßenrand anboten, Krüppel, die ihre Hand nach einer Münze ausstreckten, dickbäuchige Polizisten mit Pickelhauben, die den immer dichter werdenden Verkehr durch Trillerpfeifen zu regeln versuchten, riesige Plakatwände mit bunten Bildern, die an dem Fenster der Droschke so schnell vorbeiglitten, dass die Kinder sie kaum erkennen konnten.

Im Oktober 1884, wenige Wochen vor ihrem 7. Geburtstag, kam Else Ury in die Königliche Luisenschule. Das Lyzeum in der Ziegelstraße im heutigen Bezirk Mitte war damals die einzige städtische höhere Töchterschule Berlins. Die Mädchen bekamen Unterricht in allen Fächern, die man für angemessen und nützlich hielt, um die korrekte Entwicklung der späteren Ehefrauen von Fabrikanten, höheren Beamten und Militärs zu gewährleisten. Viele bekannte adelige Namen waren unter den Schülerinnen. Erst vor wenigen Jahren wurde eine Gedenktafel an dem Gebäude enthüllt, die der im Nationalsozialismus vertriebenen Lehrer und berühmten Schülerinnen gedenkt. Unter ihnen auch die Dichterin Paula Dehmel, die Malerin Julie Wolfthorn, die Sozialpolitikerin Hannah Karminski, eine enge Freundin von Bertha Pappenheim, und selbstverständlich auch Else Ury. »Von der untersten Klasse der Berliner Luisenschule an haben wir auf der Schulbank zusammen gesessen, machten wir gemeinschaftlich unsere Kinderstreiche (...) Bis zu ihrem gewaltsamen Ende hielt uns eine innige treue Freundschaft miteinander verbunden«, schrieb Margaret Levy, Else Urys langjährige Freundin, über die gemeinsame Schulzeit. 1884 sitzen die kleinen Mädchen in Sonntagskleidern brav auf den zugewiesenen Plätzen, während die Kinderfräulein schwatzend im Pausenhof auf ihre Schützlinge warten. Die Mütter füllen unterdessen die Schultüten mit süßen und nützlichen Kleinigkeiten und arrangieren die Einschulungsfeier, zu der auch die Großeltern und die Tanten eingeladen sind. Auch bei Familie Ury wird es so gewesen sein.

Das erste Schuljahr ging seinen üblichen Gang; bei Else Ury 1884, bei Nesthäkchen circa 25 Jahre später. Auch Else Ury war schon mit mehr als 50 Kindern im Klassenraum, aber sie hatte einen männlichen Klassenleiter, denn erst 1888 erlaubte der neue Direktor, dass die jüngeren Jahrgänge Klassenlehrerinnen bekamen. Else Ury nimmt ebenso wie ihr Nesthäkchen Abschied von der Welt der Puppen. Nun heißt es Ordnung, Sauberkeit und Disziplin lernen. Anfangs ist das kleine Mädchen ein ›Wildfang‹ – ein damals beliebtes Motiv der Mädchenliteratur –, der gezähmt werden muss. Eine der bewährten Methoden der Zähmung ist das Stricken lernen. Klaus Heymann, Else Urys Neffe, meint jedoch, er habe seine Tante nie stricken gesehen. Diese Art der Zähmung, die ihrem Nesthäkchen so zuwider ist, hat auch bei Else Ury nicht besonders gut funktioniert. Wie alle Erstklässler, die gerade Lesen lernen, verwechselt das Nesthäkchen anfangs einzelne Buchstaben und mag plötzlich nicht mehr an dem Schlächterladen vorbeigehen. Ängstlich schmiegt sie sich an das Fräulein. »›Das Schild‹, stieß das Mädchen zitternd hervor und hielt sich die Augen zu. ›Rind- und Schweineschlächterei‹ konnte man lesen. Das Fräulein konnte beim besten Willen nichts Schauriges entdecken. ›Schnell, komm schnell vorbei‹, bestürmte das Kind in höchster Aufregung.« Das Fräulein will endlich wissen, was das Mädchen so erregt. Schließlich kommt es heraus. Sie hatte versehentlich ›Kind- und Schweineschlächterei‹ gelesen. Die Sache wird geklärt. Es war ein großes R und kein K. Als die Freundin sie neckte: »›Die hat geglaubt, der Schlächter macht

Wurst aus ihr‹, da war es ihr doch recht peinlich, dass sie ausgelacht wurde.«

Else Ury hat sich schreibend ihrer eigenen Kinderträume und Traurigkeiten erinnert. Nicht grundlos bewegt die kleinen Mädchen ihrer Geschichten immer neu der Wunsch, ein Junge zu sein, Hosen anzuziehen, ungehindert die unbekannte, aufregende, ferne Welt zu erforschen. Der Zwang zum Stricken lernen, zu gutem Benehmen und Ordnung ist ihren Heldinnen eine lästige Pflicht. Der Tagesablauf eines Schulmädchens aus gutbürgerlichem Haus in Berlin um 1885 war streng geregelt und ließ nicht viel Zeit zum Träumen.

6.30 Uhr	Wecken durch das Fräulein. Waschen mit kaltem Wasser an der Waschschüssel. Anziehen. Kämmen und Bürsten der Haare
7.15 Uhr	Frühstück mit heißem Kakao und Butterbrot
7.30 Uhr	Schulweg zum Lyzeum in Begleitung des Fräuleins
8 - 12 Uhr	Vormittagsunterricht
12.30 Uhr	Essen im Kreise der Familie
13 - 13.30 Uhr	Ausruhen im Mädchenzimmer
14 - 16 Uhr	Nachmittagsunterricht
16.30 Uhr	Teestunde zu Hause
bis zum Abendessen	Klavierüben oder Nadelarbeit
bis 21 Uhr	Spielen, Handarbeiten, Vorlesen oder Plaudern im Kreise der Familie

Der Stundenplan des Lyzeums legte großes Gewicht auf Handarbeit, Zeichnen, Gesang, Religion, Gesellschaftstanz, Etikette, englische und französische Konversation, deutsche Sprache und Literatur. Rechnen, Geschichte und Geographie spielten dagegen eine untergeordnete Rolle. Die Mädchen übten den Hofknicks und spielten Klavier. Zum Unterricht an den Mädchenlyzeen bemerkt Helene Lange sarkastisch: »Man lernte nicht übermäßig; der Verstand wurde soweit geschont,

Abgangs-Zeugnis.

Else Ury

Schülerin der Klasse *I A* der Luisen-Schule

geb. am *1. November 1877* zu *Berlin,*

Tochter des *Fabrikanten, Herrn Ury, hier*

jüdischer Konfession. besuchte die Luisen-Schule *10* Jahre, von

Okt. 1884 bis *Okt. 1894*, die *I A* Klasse *1* Jahre.

Allgemeines Verhalten:

Lobenswert

Leistungen
in den einzelnen Lehrfächern:

Religion: *sehr gut.*

Deutsch: *gut*

Französisch: *gut*

Englisch: *sehr gut.*

Abgangszeugnis von Else Ury vom 29. September 1894.

29

dass man ihn nachher noch hatte.« Der Tagesablauf blieb sich stets gleich. Nur der Bereich der häuslichen Pflichten erweiterte sich von Jahr zu Jahr ein wenig. Die Mädchen fütterten den Kanarienvogel, gossen die Blumen und räumten ihr Zimmer auf, stickten immer kompliziertere Muster in die Deckchen und hungerten nach Abwechslung.

Else Ury wird so ähnlich gelebt haben. Einige Besonderheiten gab es allerdings, die Mädchen mit jüdischer Tradition vorbehalten waren. Im Hause Ury wurde jeden Freitagabend ein ›Shabbes-Mahl‹ gereicht. Mit ihm begann der Sabbath. Kerzen wurden angezündet, ein Gebet über Brot und Wein gesprochen. Zahlreiche Festtage, Gedenktage und Speiseriten prägen traditionell das jüdische Leben. Soweit wir wissen, wurde bei den Urys nicht streng koscher gekocht, aber die hohen Feiertage hielt Vater Ury mit Beten und Fasten strikt ein. So lernte Else zu Hause das religiöse Leben kennen. In der Schule hatten die jüdischen Kinder ganz selbstverständlich parallel zum christlichen einen jüdischen Religionsunterricht. Auf dem Abschlusszeugnis ist beim Fach Religion ›sehr gut‹ vermerkt. An ihrer Schule herrschte ein religiös liberaler Geist. Und doch ist anzunehmen, dass es immer mal wieder verletzende Äußerungen von Mitschülerinnen gab, die etwas hinter vorgehaltener Hand zischelten oder antisemitische Äußerungen zum Besten gaben. Vielleicht ist es Else Ury auch ergangen wie der Schriftstellerin Fanny Lewald, die ihre beste Freundin nicht besuchen durfte, weil deren Eltern strikt jeden Kontakt mit Juden ablehnten. Zahlreiche Verletzungen im Alltag eines jüdischen Mädchens im kaiserlichen Deutschland sind denkbar. Der Verlust der Harmlosigkeit hatte viele Gesichter, auch unter den Allerjüngsten.

Jugend in Berlin
(1890-1899)

Else Ury trug die langen, braunen Locken zu Zöpfen geflochten oder, wie es Mode wurde, zu Kränzen aufgesteckt. Sie blieb zeitlebens klein, nur knapp einen Meter fünfzig. Auf den Bildern aus dem Erwachsenenalter hat sie große, dunkelgraue Augen. Die scharf geschnittene Nase steht in deutlichem Kontrast zu dem sanften Blick dieser Frau.

Wie ist sie eine Frau geworden? Die späteren Backfischgeschichten von Else Ury erzählen heitere Anekdoten von Schulalltag und Mädchenfreundschaften in Nachmittagskränzchen, von Tanzstunde und Neckereien mit den Freunden der großen Brüder. Von Konflikten erfahren wir wenig. Selbst ältere Backfischromane, noch aus dem Ende des 19. Jahrhunderts, lassen ab und zu erkennen, was mit der Heldin los war. ›Ihr war nicht wohl‹ war das akzeptierte und wohlanständige Synonym dafür, dass Mädchen ihre Menstruation bekommen hatten. Doch bei Else Ury findet man diesen Satz nicht. Ihren blonden Heldinnen ist immer wohl. Sie bewältigen alle Schwierigkeiten auf dem Weg vom Mädchen zur Frau ohne Probleme. Ernste Konflikte und Seelennöte gibt es wenige. Die großen Brüder sind selbstverständlich die besten Tänzer, die Eltern meinen es immer gut mit den Heranwachsenden, und was sie beschließen, ist stets zu ihrem Besten. Die Freunde der Brüder sind Staffage für witzige Wortgefechte, und der eigene Körper, wenn er denn einmal erwähnt wird, ist schlank und schön, und sein Anblick – möglichst im Tüllkleid – gereicht allen zur Freude.

Was erfährt ein vierzehnjähriges Mädchen wie Else Ury damals tatsächlich von der Welt?

In Berlin lebten um 1890 eineinhalb Millionen Einwohner. Die Mehrheit wohnte in eilig hochgezogenen Mietskasernen. Über hunderttausend Berliner kamen in schwer beheizbaren Kellerwohnungen unter. Die Stadtbahn fuhr auf einigen Strecken bereits mit Elektrizität. Zwischen Alexanderplatz und Tiergarten pendelten die Pferdebahnen. Der Kurfürstendamm schickte sich an, der Geschäfts- und Promeniermeile Unter den Linden den Rang abzulaufen. 1895 wurde mit großem Pomp die Kaiser-Wilhelm-Gedächtniskirche eingeweiht.

Der Kaiser hielt Hof. Wilhelminisches Zeitalter. Mal in Potsdam, mal in Berlin entfaltete sich der fürstliche Glanz. Einige Mädchen aus Else Urys Klasse übten nicht nur den Hofknicks, sie praktizierten ihn auch, wenn der Vater wieder einmal zum Kaiser gerufen wurde. Die Urys waren nicht dabei. Auch erfährt Else Ury weder in der Schule noch zu Hause von Streiks und Sozialdemokratie. In den Schulen der Wohlhabenden wird wenig von Armut gesprochen. Von Umstürzlern schon gar nicht. Allerdings wissen die Mädchen der Mittel- und Oberschicht von Not. Ihre Mütter beteiligen sich an Wohlfahrtslotterien oder helfen in Suppenküchen. Aber die Welt der Mietskasernen ist für diese Kinder so weit weg wie Afrika und Alaska.

Auch die rasante Industrieentwicklung der Gründerjahre, der Börsenkrach und die wilden Spekulationen, der 12-Stunden-Tag in der Fabrik und die Arbeitslosigkeit sind nicht das Thema am Mittagstisch. Vielleicht wird der Vater mal von der Börse berichten, wo es um Aktien und Wertpapiere geht, wird von interessanten Neuheiten erzählen, von Telefon, Grammophon und Kinemathek. In ihren Kinder- und Jugendromanen berichtete Else Ury immer gern von den technischen Neuerungen des industriellen Zeitalters, lenkte die Aufmerksamkeit ihrer jungen Leser auf die modernen Reisemöglichkeiten und die neuen wissenschaftlichen Errungenschaften. Die Welt der Technik und Wissenschaft scheint sie früh interessiert zu haben.

Die Mutter regte sie zu vielseitiger Lektüre an. Erlaubt und erwünscht sind die Klassiker, Goethe, Schiller, Klopstock, Balladen und Gedichte. Franziska Ury war auch offen für die neuere Literatur. So wird sie ihrer Tochter vieles empfohlen und wenig verboten haben.

Doch die private Welt der jungen Mädchen ist klein und eng. Die Wohnung, die Schule, die Freundinnen, der Klatsch und Tratsch. Die seltenen Spazierfahrten am Sonntag in den Grunewald, in den Zoologischen Garten, mal ein Theaterbesuch, mal ein Spaziergang mit der Mutter zur neu erbauten Kaiser-Wilhelm-Gedächtniskirche und über den aufregenden Kurfürstendamm. In den Ferien fährt man wie gewohnt an die Ostsee oder ins Riesengebirge, bis zum Weltkrieg meist nach Johannesbad in Böhmen. Da treffen sich die gleichen Leute, die man schon von Berlin her kennt. Die gleiche Schicht, die gleichen Gespräche, die gleiche Mode. Man ist unter sich. Eine abgeschlossene Welt, fest gefügt und wohlhabend. Im öffentlichen Leben wird alles immer besser. Es geht ständig aufwärts. Der Kaiser wird es schon richten. Hauptsache, im persönlichen Leben passiert nichts Unerwartetes: Krankheit, Tod, ein Firmenzusammenbruch, eine unpassende Liaison der heranwachsenden Kinder. Sonst lebt man in der besten aller möglichen Welten. Dieses Lebensgefühl beherrscht weite Kreise des bürgerlichen Mittelstands, und die Töchter haben schon gar keine Sorgen, bis auf die eine: heranzublühen für die Ehe, die die Eltern für sie beschließen und ausrichten. Bis dahin heißt es warten, den Haushalt lernen, Deckchen sticken und gute Miene zum langweiligen Spiel machen. Else Ury hat in ihren späteren Büchern immer gern von Reisen erzählt, den jungen Mädchen nützliche Tipps für die Vorbereitung ihrer Ausflüge mit auf den Weg gegeben, ihnen ans Herz gelegt: »Reist mit offenen Augen«, und in den Reiseberichten ihr Erziehungsziel deutlich gemacht, dass das junge Mädchen zu einem nützlichen und rücksichtsvollen Mitglied der menschlichen Gesellschaft herangebildet werden soll.

Neben Tagebuch und heimlich verfassten Gedichten und Geschichten schrieb Else Ury in der Schule gern Aufsätze und gab im Familienkreis gereimte Verse zum Besten. Vielleicht hatte sie auch wohlwollende Förderer unter den Lehrkräften. In ihrem Jugendroman *Wie einst im Mai* spiegelt sich diese Leidenschaft ihres Alter Ego: »Viel lieber saß Fränze an dem alten Mahagonisekretär mit der hochgezogenen Rollklappe. Dort war ihr Element. Da wurden die besten Aufsätze für die Schule verfasst, da entstand so mancher Vers, der ins Geheimfach des alten Schreibtisches wanderte; denn auslachen mochte sich die poetische Fränze nicht lassen. Nannten sie doch die Brüder, denen nicht einmal die Poesie heilig war, sowieso schon mit dem Spottnamen ›Rosa Immergrün‹, unter dem sie einmal der *Gartenlaube* ein Gedicht zum Abdruck eingesandt hatte.«

Es mag auch sein, dass einige Lehrerinnen auf sie aufmerksam wurden und sich freuten, dass im Schuljahr 1893/94 eine kluge Schülerin mit wachen Augen und regem literarischen Interesse in der Selecta war: Else Ury. Sie wusste erstaunlich viel über die neuere deutsche Literatur, brachte Werke der Bettina von Arnim mit in den Unterricht: die beiden Königsbücher und Tagebuchaufzeichnungen. Befragt, woher sie diese Schätze hätte, erwiderte sie nur: ›Von meiner Mutter‹. Auch die Günderode schien das Mädchen zu begeistern. Gedichte, Essays und Briefe waren ihr vertraut. Sie redete verständig von der Notwendigkeit einer Frau um 1800, sich ein Pseudonym zuzulegen, und über ihren gewaltsamen Tod am Rheinufer. Die Aufsätze des jungen Mädchens zeigten sprachliches und literarisches Einfühlungsvermögen.

1894 war die zehnte Klasse die letzte mögliche Schulklasse für Frauen. Mädchengymnasien gab es noch nicht in Berlin, lediglich ›Realkurse‹, in denen die Mädchen auf das externe Abitur vorbereitet werden konnten. Ein Studium war für sie bis 1908 in Preußen nicht möglich. Erst da hob der preußische Staat das Immatrikulationsverbot für Frauen auf. Nur in den südlichen deutschen Staaten und insbesondere in der Schweiz wäre ein Studium realisierbar gewesen. Auch das Lehrerinnenseminar eröffnete die Möglichkeit der beruflichen Fortbildung für Töchter aus gutem Hause.

Else Ury wurde nicht Lehrerin. Der Überlieferung nach lernte sie, wie es üblich war, nach dem Schulabschluss im Elternhaus den Haushalt. Das war für jüdische Frauen meist eine sehr aufwändige Sache, mussten sie doch zwischen dem Geschirr für fleischiges und milchiges unterscheiden, extra Geschirr für das Passah-Fest bereithalten, möglichst sogar eine eigene Küche dafür einrichten. Insgesamt gibt es in der jüdischen Tradition weit über 300 Speiseregeln, die eine gute jüdische Hausfrau beachten muss. Bertha Pappenheim, die spätere Vorsitzende des jüdischen Frauenbundes, wurde als junges Mädchen darin unterwiesen und hat die Regeln ihr Leben lang praktiziert. Franziska Ury leitete den Haushalt wahrscheinlich weniger strikt nach jüdischen Regeln. Die Speisenzubereitung wurde meist den christlichen Hausangestellten überlassen, die die Töchter anlernten, nach berlinischem Geschmack zu kochen. Das galt als modern und angemessen. Verpönt war in den jüdischen Familien des Bürgertums das Jiddische, die Sprache der Ostjuden, der Jargon, wie man verächtlich sagte. Man sprach ein gepflegtes Hochdeutsch und hielt auch die Kinder dazu an. Mit ihrer Mutter ging Else hin und wieder ins Theater oder in Konzerte und wurde auf Bällen und Vergnügungen ›in die Gesellschaft eingeführt‹, um schließlich, ihrer Bestimmung gemäß, verheiratet zu werden.

Else Ury hat nicht geheiratet. Ihre Bücher geben keine deutliche Erklärung für dieses Ausbrechen aus dem konventionellen Muster. Selbst die Freundinnen von Nesthäkchen, die eine Zeit lang selbständig leben und sich ihren Lebensunterhalt verdienen, ereilt schließlich doch noch das Eheglück. In nur wenigen Büchern steht eine unverheiratete Frau im Mittelpunkt des Geschehens. Meist bleiben sie liebenswerte Randfiguren. Wenn Else Ury von ledigen Frauen erzählt, sind es tüchtige Dienstboten, alte Tanten, kluge Lehrerinnen oder – in späterer Zeit – sozial engagierte Fürsorgerinnen. Besonders in den Dreißigerjahren schreibt sie jedoch Bücher wie *Das Rosenhäusel*, in denen für die Heldin eine eigenständige Existenz als berufstätige Frau vorstellbar wird. Else Ury wurde eine begeisterte Anhängerin der bürgerlichen Frauenbewegung und befürwortete vehement die Ausbildung und das Studium für Frauen. Nirgendwo wird das so deutlich wie in dem Band *Wie einst im Mai*, der eine Sonderstellung unter Else Urys Büchern einnimmt. Sie gibt dem Roman von 1930 den Untertitel: ›Vom Reifrock bis zum Bubikopf‹, um die ungeheure Entwicklung der Frauengenerationen in den vergangenen Jahrzehnten deutlich zu machen. Die *Kreuzzeitung* vom 6. Dezember 1930 schreibt lobend: »Die Erzählung beginnt um die Mitte des vorigen Jahrhunderts im alten Berlin und schildert die Kämpfe junger Mädchen um ein selbständiges Wirken außerhalb des engen, häuslichen Kreises. Das Buch ist von so viel sonnigem Humor, von Jugendfreude und Jugendfrische durchweht, dass die Leserinnen mit begeistertem Interesse den Schicksalen der Freundinnen folgen werden.« Acht Mädchenschicksale aus unterschiedlichen Schichten werden wie in einem sozialen Panorama der Kaiserzeit ausgebreitet. »Was das neunzehnte Jahrhundert gesät, wurde im zwanzigsten schnittreife Ernte. (…) Frauenfragen wurden Frauenbewegung, Frauenrecht. Neue Frauen, ein im Denken geschultes Geschlecht, luden die Lasten der einstigen Bahnbrecherinnen auf ihre jungen Schultern, erweiterten den Kreis ihrer Pflichten. (…) und als endlich wieder Zeiten des Friedens, des Aufbaus kamen, da war die Frau mit am Werk. (…) Ein anderes Geschlecht war es, das die Jahre des Weltkrieges, des wirtschaftlichen Verfalls gezeitigt hatte, sportgestählt, arbeitstüchtig, arbeitsfreudig, und seiner selbst bewusst, jeder ein Baustein an dem neu zu errichtenden Tempel des Völkerfriedens.« Auf die Gründerinnen der Frauenbewegung, auf Auguste Schmidt und Luise Otto-Peters und den Allgemeinen Deutschen Frauenverein beruft Else Ury sich. Ein Kapitel trägt die Überschrift *Fräulein Doktor* und berichtet, dass sich Hanna Kruse als eine der ersten Ärztinnen Berlins am Rande der Stadt, dort, wo die großen Mietshäuser wie Pilze aus der Erde hervorschossen, niedergelassen hatte. »Sie dachte gar nicht daran, die Operationsschürze mit der Küchenschürze zu vertauschen.« Vor allem in der Tochter des Tabakfabrikbesitzers, Fränze, hat sich Else Ury in diesem schon lange nicht mehr aufgelegten Roman *Wie einst im Mai* selbst portraitiert. Auch Fränze wohnt in der Heiligegeiststraße in Berlin-Mitte in einem ansehnlichen Patrizierhaus. Das Mädchen kommt an seinem letzten Schultag etwas zu spät zum Mittagessen. »Vorwurfsvoll blickte die Mutter über die Schüssel mit Kohlrouladen zu der säumigen Tochter. Der Vater zog die Uhr aus der Westentasche.« Ähnlich hat es die junge Else sicher häufig erlebt. Jeder hatte stets die Familienregeln einzuhalten, pünktlich zum Essen zu erscheinen, auch am letzten Schultag. Stolz zeigt die Heldin ihres Buches ihr Zeugnis, das hervorragende Zensuren von sehr gut bis gut enthält wie Elses eigenes Abschlusszeugnis. Sie wird gelobt, aber es wird kein besonderes Aufheben darum gemacht. Die Eltern hatten es von ihr einfach nicht anders erwartet. Wahrscheinlich kommt darin auch ein Stück Missachtung zum Ausdruck, bedeutete doch das Zeugnis eines Mädchens, das anschließend keine Berufsausbildung anstrebte, nicht viel. Der gesamte Lebenszuschnitt der Fabrikantenfamilie ist bescheiden, wahrscheinlich ähnlich dem, was Else Ury erfahren hatte. Die Älteste muss ihr Zimmer mit der jüngeren Schwester teilen, es ist, wie sie betont, eng, aber gemütlich. Das war auch für Else Ury wichtig. Gemütlich sollte es zugehen, die Gäste sollten sich wohlfühlen und die Familie in Harmonie beieinander sein. Doch wenn ein Mädchen die Konvention durchbrechen, wenn sie studieren oder einen anderen als den ihr zugedachten Ehemann heiraten wollte, durfte auch Widerstand geleistet werden. Else Ury beschreibt solche Art familiärer Auseinandersetzungen häufig und steht dabei deutlich auf der Seite der jungen Mädchen, die für ihre Rechte eintreten. Doch leicht, so erfahren die Leserinnen, ist das Ausbrechen aus dem überkommenden Rahmen nicht.

Obwohl in der damaligen Zeit angeblich ›Glück und Erfüllung der Frau einzig in der Ehe‹ liegen, ist die Ehelosigkeit um die Jahrhundertwende eine Massenerscheinung. Hunderttausende unverheirateter Töchter leben ohne Beruf in ihren Elternhäusern – lebenslänglich. Oder sie fallen mildtätigen Verwandten zur Last. Aus dem Berliner Bürgertum ist bekannt, dass um 1900 viele junge Männer ausgesprochen eheunwillig waren. Die Gründe sind nicht eindeutig. Es mag unter anderem an den immer mehr steigenden Kosten gelegen haben, die ein standesgemäßer Familienhaushalt damals verschlang. Die erstrebte Karriere, die Aussicht auf ein ungebundenes Leben und die neuen Reisemöglichkeiten mögen diese Erscheinung zusätzlich erklären. Besonders unter den jüdischen Bürgern soll großer Mangel an heiratswilligen jungen Männern geherrscht haben. Auch ein Bruder von Else Ury, Hans, der Arzt, blieb unverheiratet.

Ein wichtiger Ort für die Anbahnung von Kontakten zwischen Jungen und Mädchen des Bürgertums war die Tanzstunde. Meist erst mit 18 Jahren wurden die jungen Mädchen dazu angemeldet. Dann waren sie endlich ›gesellschaftsfähig‹, wie es bei Else Ury in *Wie einst im Mai* heißt, und ihre Heldin Fränze bereitet sich mit aller Hingabe auf dieses große Ereignis vor. »Tanzstunde bedeutete einen wichtigen Einschnitt im Mädchenleben«. Die Schneiderin kommt extra ins Haus, um für die Schwestern neue Kleider zu nähen, welche eifrig mithelfen.

Eine jüdische Frau, die ebenfalls mit 18 Jahren anfing, Tanzstunde zu nehmen, um später Bälle zu besuchen, berichtet: »Mein Weg als Verfechterin der Fraueninteressen ging in paradoxer Weise über den Ballsaal. (…) Ein junges Mädchen hatte vorschriftsgemäß ihre Kenntnisse bei sich zu behalten und jedem Mann darin Vortritt zu lassen. Immer heiter, bereit, auf einen kleinen Flirt einzugehen, anziehend in ihrem Äußeren und ihrer modischen Erscheinung, das war alles, was man von einem Mädchen erwartete.« Am liebsten brachten die Mütter nur jüdische junge Leute zusammen, damit ihre Töchter und Söhne auch die richtigen Ehen eingingen. Das klappte in Städten wie Berlin wegen der großen Zahl der Familien meist recht gut und man kann annehmen, dass auch Else Ury eine ›jüdische Tanzstunde‹ besuchte.

›Werde – die du bist.‹ Dieser provokativ gemeinte, doch schwer zu verstehende Titel erregte Ende des 19. Jahrhunderts die Berliner Öffentlichkeit. Die bekannte Witwe des politisch oppositionellen Dohm, Hedwig Dohm, hatte sich wieder einmal zu Wort gemeldet, um den Frauen einzureden, sie müssten sich gründlich ändern, um glücklich zu werden. Else hatte beim Vorlesen des Artikels am Mittagstisch aufmerksam zugehört und verstand nicht, warum der Vater so herabwürdigend über Hedwig Dohm redete. »Sogar Tabakfabrikant war ihr Vater«, höhnte er über die Dohm, als sei es eine Beleidigung des Standes der Tabakfabrikanten, dass eine Emanzipierte aus solchem Hause kam. Die Mutter, die mit Helene Langes Aktivitäten zur Berufstätigkeit von Frauen sympathisierte, konnte an dem Besuch eines Vortragabends über Hedwig Dohm nichts Erschreckendes finden und befürwortete die Teilnahme ihrer Tochter.

Nach der Schulentlassung war Else nicht besonders glücklich. Sie litt unter dem Nichtstun, langweilte sich und war von dem gesellschaftlichen Leben der Bälle und Tanzvergnügungen nicht ausgefüllt. Da konnte eine Anregung dieser bedeutenden Frau nur nützlich sein. Der Abend verlief gänzlich unspektakulär. Keiner der Herren der Journale hatte sich in die Veranstaltung bequemt. Helene Lange trug ihre Auffassungen zur Verbesserung der Ausbildung von Mädchen sachlich vor, forderte Gymnasien für Mädchen und freien Zugang zu allen Studienfächern und begrüßte Hedwig Dohms literarisches Engagement. Else Ury, die insgeheim mit Neid auf ihre studierenden Brüder sah, klatschte voller Begeisterung den Thesen Beifall. Doch Forderungen allein brachten noch keine Wende in ihr Leben. Ein Lehrerinnen-Seminar, wie ihre Schwester Käthe es anstrebte, begeisterte sie nicht. Viel lieber wollte sie schreiben, wollte Geschichten für Zeitungen verfassen. Doch wer sollte sich für ihre Texte interessieren? Sie hatte wenig Vertrauen in ihre Fähigkeiten, zweifelte an sich und hatte Angst vor der Kritik der Öffentlichkeit. Von den Worten der berühmten Frauen angeregt, könnte sie Mut gefasst haben. Ihr Alter Ego in dem schon erwähnten Mädchenroman, Fränze, sagt: »Ich zerbreche mir den Kopf, was ich tun kann, um mein Leben nützlicher zu gestalten.« Und die jüngere Schwester sagt: ›So dichte!‹ »Daran habe ich auch längst gedacht«, antwortet sie und fährt fort: »Aber mir fehlt der Mut, es einer Zeitschrift einzusenden. Ich glaube, es ist nicht viel wert. Ja, wenn ich einen Roman wie die Marlitt schreiben könnte! Der wird von Tausenden in der Gartenlaube gelesen. Das lohnt!« Die Schwester ermuntert sie, ihrem Talent zu folgen. Schwer bedrückt sie das Gefühl, überflüssig zu sein, im Leben nicht gebraucht zu werden. Durch eine Freundin bekommt Fränze schließlich Kontakt zu Auguste Schmidt, eine Triebkraft der Frauenbewegung. Im Roman sagt diese: »Ein Mensch, der den Wunsch hat, soziale Not zu steuern, wird früher oder später auch Mittel und Wege dazu finden.« Vorläufig aber sei die Achtzehnjährige noch zu jung für professionelle, soziale Arbeit, und sie empfiehlt ihr, die geistigen Interessen zu vertiefen und Kurse im Viktoria-Lyzeum zu belegen. Die Heldin im Buch ist begeistert, und es ist vorstellbar, dass auch Else Ury sich erst einmal weiterbildete, Kurse besuchte und nebenher soziale Aufgaben wahrnahm, ehe sie systematisch zu schreiben begann.

Noch gab es ein zusätzliches Problem auf dem Weg zur Schriftstellerin: Was würde ihr Vater dazu sagen? Er hätte nicht zugelassen, dass seine Tochter unter dem Namen Ury Geschichten in Zeitungen veröffentlichte. Das schickte sich einfach nicht. Wie es Tradition war, würde der Vater diese Überlegungen weit von sich weisen. Die berufliche und bezahlte Tätigkeit der Tochter kam einer Niederlage des Vaters gleich. Diese Vorstellung war in jüdischen Familien noch stärker verankert als in christlichen. Selbst Bertha Pappenheim an der Spitze des 1904 gegründeten Jüdischen Frauenbundes forderte nicht die bezahlte Berufstätigkeit der Frauen, sondern ermutigte die Frauen vor allem zu ehrenamtlicher Tätigkeit. So kam es, dass Else Ury in der Wochenendausgabe der *Vossischen Zeitung* unter Pseudonym schrieb und sich damit – ohne das Ansehen des Vaters zu beleidigen – ein Taschengeld verdiente. Zufrieden war sie mit dem Zustand nicht. »Ist denn Frauenarbeit etwas so Verpöntes, dass man sich ihrer schämen muss?«, lässt sie eine ihrer Heldinnen fragen und beklagt: »O Gott, in was für einer von Vorurteilen verdunkelten Welt leben wir!«

Else Ury begann zu schreiben, wenn auch unter Pseudonym. Ihre Unlustgefühle gegenüber dem Leben verschwanden, die Migräne plagte sie seltener. Sie hatte eine Aufgabe, und das war mehr, als ehelose Frauen üblicherweise erhoffen konnten.

Es gibt ein Familienfoto, das häufig als Verlobungsfoto gedeutet worden ist. Der junge Mann neben Else ist in der Verwandtschaft nicht bekannt und wird für den möglichen Verlobten gehalten. Doch das Ideal der bürgerlichen Liebesheirat, in ihren Büchern oft beschrieben, erfüllte sich bei Else Ury nicht. Als Familiengerücht ist überliefert, dass sie sich eine Zeit lang Hoffnung auf eine enge Beziehung mit ihrem späteren Schwager Hugo Heymann gemacht hatte. Er war seit langem Gast in der Familie und soll mit ihr befreundet gewesen

Familienfoto von 1912/13. Unten sitzend Else Ury, dahinter
Mutter Ury, darüber Vater Ury, hinten stehend Bruder Hans.

sein, bevor er die jüngere und vielleicht attraktivere Schwester
heiratete. Hader unter Schwestern? Nein, den kann es nicht
ernsthaft gegeben haben. Die Schwestern hatten – wie Klaus
Heymann bezeugt – ein ungewöhnlich enges und liebevolles
Verhältnis zueinander, telefonierten, seit es Telefon gab, fast
täglich, schrieben sich zahllose Briefe – Katze an Mieke, Mieke
an Katze. Mieke war der Kosename für Else, Katze war Käthe
und kein Geheimnis blieb unbesprochen.

Oder war es der neue junge Mitinhaber der Firma gewesen,
der sich um Else bemühte und um ihre Hand anhielt? Der Roman *Wie einst im Mai* legt diesen Verlauf nahe. Er hält eine
Liebesheirat als Happy End bereit. Fränze heiratet. Doch sie
darf auch als junge Ehefrau weiter Artikel über Emanzipation
in Frauenzeitschriften schreiben und damit die braven Haus-
frauenseelen erregen, denn ihr Mann hat einsehen gelernt:
Weiblichkeit und Berufstätigkeit der Frau schließen einander
nicht aus. So bleibt auch in diesem ungewöhnlichen Roman
die Ehelosigkeit ein wichtiges Problem. Das entspricht ganz
der von ihr selbst erlebten Wirklichkeit dreißig Jahre früher.
Bitter war für Else Ury sicher auch, dass sie als Unverheiratete
auf eigene Kinder verzichten musste. Bei einem bürgerlichen

Else und ihre Schwester Käthe (sitzend),
23 und 19 Jahre alt.

Fräulein um 1900 war ein uneheliches Kind fast undenkbar.
Aber sie liebte Kinder und hatte sich schon als junges Mädchen um die Kinder in der Verwandtschaft gekümmert, ihnen
Geschichten erzählt, sie bemuttert und geliebt. Besonders die
wilden, ungebärdigen Kinder fühlten sich bei ihr wohl. Nie
schien ihr ein Kind auf die Nerven zu gehen oder ihre Geduld
zu sehr zu strapazieren. Mit liebevollem Interesse beobachtete
sie Mädchen wie Jungen, begeisterte sich an ihren kessen Ant-
worten, an ihren spontanen Reaktionen, an ihrem Trotz und
ihrer Anschmiegsamkeit. Ihr ansteckendes Lachen half Kindern oft über peinliche Situationen hinweg. Später fanden sie

sich dann stolz in einer Anekdote in der Zeitung oder – noch später – in einem ihrer Bücher wieder.

Wir werden nie erfahren, welche Gründe Else Urys Ehelosigkeit wirklich hatte, ob sie eigener Wunsch, bewusste Entscheidung oder Ergebnis unglücklicher Liebe und trauriger Verstrickungen war. Aber Else Ury ist keine gewesen, die sich lange bei unerreichbaren Sehnsüchten aufhielt. Sie konnte sich abfinden mit den gegebenen Verhältnissen und sich darin häuslich einrichten. Auch schmerzlichen Erfahrungen konnte sie immer noch etwas Gutes abgewinnen. Begabt zum Glücklichsein, ließ sie Unglück einfach nicht an sich heran. Wir wissen nur eins sicher: Die spätere Propagandistin der glücklichen Ehe blieb ledig. Ihre Karriere als Schriftstellerin nahm ihren Anfang.

Erste Schreiberfolge
(1900-1914)

Überliefert ist, dass Else Ury um 1900 mit dem Schreiben begann. Zunächst kleine Geschichten für die Sonntagsbeilage
der *Vossischen Zeitung*. Die war Nachfolgerin der von Lessing
gegründeten Zeitschrift *Das Neueste aus dem Reiche der Witze*
und eine hochachtbare Visitenkarte.

Else Ury hatte einen neuen Tagesablauf. Die vormals tote
Zeit war prall gefüllt. Die Filetstickereien blieben unvollendet
in der Ecke liegen. Die Tagträume starben dahin und belebten
sich neu in Geschichten und Märchen auf dem Papier. Hatte sie
früher täglich nach Zeitvertreib gehungert, so gierte sie jetzt
nach freier Zeit. Mittags, wenn der Kaffee durch die Wiener
Kaffeemaschine gelaufen war und Vater und Mutter sich zu
einem Ruhestündchen zurückzogen, saß sie am Schreibtisch
in ihrem Zimmer. Die Geschichten hatten schon bei der Hausarbeit am Vormittag Richtung bekommen; jetzt raste die Feder
über das Papier. Es war so leicht und lustvoll, die lange gespei-
cherten Schreibenergien abzuarbeiten. Zu Hause erwähnte sie
keinen Termindruck, wollte sich keine Nachlässigkeit bei ihren
täglichen häuslichen Pflichten nachsagen lassen.

Darin ist sie den schreibenden Frauen früherer Jahrhunderte verwandt. Unbewusst wiederholt sie das Verhalten vieler
Generationen weiblicher Autoren: Der Haushalt, die Vielzahl
unbezahlter, doch lebenserhaltender Tätigkeiten und die gesellschaftlichen Verpflichtungen werden in kürzester Zeit erledigt. Der Alltag steht scheinbar weiter an erster Stelle. Das
Schreiben gilt als Pausenbeschäftigung zwischen Einkaufen
und Essenszubereitung. Die Frauen begreifen sich selbst nicht
als ›berufstätig‹ und fordern von ihrer Familienumwelt keine
Schonung. Die männliche Version sah zu allen Zeiten anders
aus: ›Nicht stören‹ stand da an der Tür des Arbeitszimmers.

Else Ury wären Vergleiche mit dem männlichen Schreiball-
tag erst gar nicht in den Sinn gekommen. Sie schreibt die
Reinschrift selber, und die Verwandtschaft darf nichts da-

von wissen. Das wird sich später ändern. Als sie schon unter ihrem richtigen Namen Mädchen- und Märchenbücher schreibt, insbesondere bei der Nesthäkchen-Serie, tippt eine junge Verwandte, Toni Davidsohn, verheiratete Levy, ihre mit der Hand geschriebenen Texte ab. Else Ury ist freiberufliche Feuilletonredakteurin. Die Eltern sind zufrieden. Die Tochter ist gut gelaunt, schreibt mit Berliner Humor. Ihre Geschichten sind harmlos und unbefangen. In der Familie lachen sie oft gemeinsam über ihre netten Einfälle und erinnern sich einiger Großonkel und -tanten, denen auch das Geschichtenerzählen im Blut lag.

Geschäftlich ging es in dieser Zeit mit der Tabakfabrik immer weiter bergab. Keiner wollte mehr die Spezialitäten der Fabrik, Schnupf- und Kautabak, haben. Die neuen Rauchergewohnheiten verdarben das Geschäft. Kauen und Schnupfen war fast ganz aus der Mode gekommen, und gesundheitsschädlich sollte es auch sein. Dagegen konnte auch kein Ury etwas tun. Der Verdienst bei der Zeitung half über manchen Engpass hinweg. Else Ury schrieb anonym und niemand in der Öffentlichkeit erfuhr davon. Mehrere Jahre blieb Else Ury bei dieser Tätigkeit.

Sie fuhr im Urlaub in die Berge oder an die See, kletterte mit ihrem Bruder Hans die waghalsigsten Touren, freute sich mit ihrer Schwester Käthe über das erste Kind und besuchte sie in Gollnow bei Stettin, um das kleine Mädchen Lisbeth zu verwöhnen. Sie las mit ihrer Mutter die Neuerscheinungen der deutschen Literatur, ging ins Theater, in Konzerte und in die Oper. Hatte sie Freunde, Liebhaber, Verehrer? Liebte sie ihr Leben so, wie es war, oder sehnte sie sich nach einem anderen?

1902, vielleicht im Dezember, kurz nach der feierlichen Übergabe der Strecke, fuhren Vater und Tochter Ury zum ersten Mal mit der neu erbauten Untergrundbahn von Knie (heute Ernst-Reuter-Platz) bis Warschauer Brücke und zurück. Else hatte sich diese Fahrt sehnlichst gewünscht. Für Frauen war es nicht schicklich, ohne Begleitung Untergrundbahn zu fahren. Gingen sie einmal allein aus, nahmen sie stets eine Taxen-Droschke. Wie alle Berliner kosteten Urys das Jahrhundertereignis aus. Eine solche Attraktion hatten nur noch London, Paris und Budapest vorzuweisen. Großartig! Die Linie 1. Man fuhr bequem in der ersten Klasse, die Fahrpreise waren gestaffelt, je nach Klasse und Entfernung von 15 bis 30 Pfennigen. Die Menschen saßen sich in Reihen gegenüber. Die Wagen der ersten Klasse waren durch Trennwände in Raucher- und Nichtraucherabteile unterteilt. Vater Ury fuhr selbstverständlich im Raucherabteil. Der Polsterstoff der Sitzbänke war gediegen gemustert. Man saß bequem und plauderte über den technischen Fortschritt. Ab Möckernbrücke wird die U-Bahn noch heute zur Hochbahn. Sie fuhren über Hallesches Tor, Kottbusser Tor, Oranienstraße bis zur Endstation Warschauer Brücke in nur 22 Minuten, eine Strecke von über zehn Kilometern. Ein Wunder der Technik. Die Bremsen griffen sanft an den Haltepunkten, kein Rütteln und Rucken wie in den Vorortzügen. Der Vater erklärte ausgiebig die technischen Details, alle Daten und Fakten konnte er auswendig, und genoss das andächtige Staunen seiner Tochter. An der Warschauer Brücke stiegen einige raue Typen mit Schlägermütze zu. Else drängte dichter an den Vater heran. Kreuzberg war ihr fremd. Das Gespräch mit dem Vater verstummte. Uniformierte Kontrolleure grüßten zackig und verlangten gebieterisch die Fahrausweise. Die Gruppe der Männer rückte zusammen. Vater Ury präsentierte ergeben seine Billetts. ›Danke, mein Herr, danke ergebenst.‹ Die Uniformierten wandten sich an die Schiebermützen, forderten die Fahrkarten. ›Erste Klasse koofen wir grundsätzlich nich, det fahren wir nur.‹ ›Mitkommen!‹ Die Stimmen nahmen an Lautstärke und Schärfe zu. An der Station Hallesches Tor erlebte Else Ury, wie ein junger Arbeiter im kaiserlichen Deutschland wegen fünf Pfennig Bezahlung unter Tarif von einem Uniformträger ins Gesicht geschlagen, die ganze Gruppe wenig später aus dem Zug gestoßen und auf dem Bahnsteig von hier wohl ständig bereitstehenden Polizisten äußerst unfreundlich empfangen wurde. ›Was müssen die Kerls auch in der Ersten Klasse sitzen‹, kommentierte der Vater. Else wusste nicht, ob sie ihm zustimmen sollte. Aber das erwartete Herr Ury auch gar nicht. Die Tochter schrieb für den Kulturteil einer angesehenen Zeitung, aber von Politik verstand sie deshalb noch lange nichts. Das war und blieb Männersache.

Irgendwann wird der Redakteur der Sonntagsbeilage der *Vossischen Zeitung* das Fräulein Ury in sein Arbeitszimmer gebeten haben. Er hatte ihr einen Vorschlag zu unterbreiten: »Schreiben Sie, Fräulein Ury, schreiben Sie ein Buch«, sagte er anerkennend zu ihr. »Sie haben entschieden Talent dazu. Erzähltalent. Unsere Zeilen bieten viel zu wenig Raum zum Erzählen. Schreiben Sie ein Kinderbuch. Das verkauft sich heutzutage gut. Sie werden staunen, wie viel Erfolg Ihnen beschieden sein wird.« Else Ury sah ihn mit verschreckten Augen an. Konnte er Gedanken lesen, verborgene Wünsche erraten? Schreiben wie die Marlitt, das war doch ihr geheimster Wunsch! Wie oft hatte sie sich in den letzten Jahren beim Schreiben der kurzen Geschichten gewünscht, einmal eine ganze Zeitungsseite zur Verfügung zu haben. Wie oft hatte sie die kleinen Geschichten zu längeren Erzählungen ausgeweitet, nur zum Spaß und für sich allein? Die direkte Aufforderung schreckte sie trotzdem. Sie war schon alt. 27 Jahre. Sie hatte kein Gymnasium besucht und auch sonst keine richtige Ausbildung gehabt. Nur wenige Kurse in Frauenbildungseinrichtungen. Im Grunde war sie ungebildet und zum Heiraten zu alt. Hatte nicht neulich noch eine Großtante anzüglich aus der *Jungfrau von Orleans* zitiert? »Deine Schwestern machen Hochzeit (…) und du machst mir Gram und Schmerz.« War es nicht für solche Wagnisse zu spät? Für ein Leben in der Öffentlichkeit, ohne den Schutz von Vaterhaus und Privatheit? Noch hatte niemand ihr Pseudonym gelüftet. Was würde ihr Vater sagen? Musste sie weiter ihren Namen verschweigen, sich einen anderen geben? Schriftstellerin werden, schreiben wie die Marlitt. Ein verlockender Gedanke, der sie nicht mehr losließ.

1905 erscheint das erste Buch von Else Ury beim Globus Verlag in Berlin. Der Titel *Was das Sonntagskind erlauscht* lässt auf keine Sensation schließen. Doch für eine jüdische Frau ist er erstaunlich. Sonntagskinder sind christliche Kinder, jüdische haben am Sonntag kein besonderes Glück zu erwarten. So ist schon bei ihrem ersten Buch der Grundstein gelegt zu der verblüfften, tausendfach wiederholten Frage ihrer späteren Leserinnen: ›Was, Else Ury war Jüdin?‹ Die nationalsozialistische Kinderbuchspezialistin Irene Graebsch wird noch 1942 warnend auf die Zugehörigkeit Else Urys zur jüdischen Rasse hinweisen und die Eltern auffordern, doch endlich die Bücher dieser Frau aus den Bücherschränken herauszusäubern.

Doch zurück zum Jahre 1905. Was mag Else Ury bewogen haben, in keinem ihrer Bücher das deutsch-jüdische Milieu Berlins zu schildern? Damals gab es viele Autoren, die damit Erfolg hatten. Georg Hermann veröffentlichte 1906 mit großem Beifall seinen Roman *Jettchen Gebert*, die Geschichte einer jüdischen Familie im Biedermeier. Wollte Else Ury deutlich machen, dass die Juden im Berliner Westen nicht anders als die Christen lebten, dass es ihr um die menschlichen Verhaltensweisen, nicht um die Konfession ging? Oder liefen da manchmal noch die kleinen Jungen vom Ostseestrand durch ihre Träume? Wollte sie ihre Harmlosigkeit zurückholen?

Die Märchensammlung *Was das Sonntagskind erlauscht* wird 1927 bei Meidinger's Jugendschriftenverlag erneut aufgelegt. Da sind es schon 55 000 verkaufte Exemplare. Mit farbigem Leineneinband ist das Buch stilvoll aufgemacht. Ein Sternenhimmel, darunter ein Nikolaus, rechts und links von Weihnachtsbäumen umrahmt, er hat einen Engel auf der Schulter und blickt väterlich auf zwei kleine Gestalten herab. Das Bild ist in den Einband eingeprägt, eine Technik, die Anfang des Jahrhunderts in Mode kam. Auch im Innenteil des Buches wird nicht gespart. Ein buntes Bild auf der ersten Seite zeigt ein blondes Mädchen in einer Wiege, das von einer Engelsfrau liebevoll zugedeckt wird. Ein unverkennbar christliches Buch, auch als Weihnachtsgeschenk bestens geeignet. Das Sonntagskind – vielleicht ist es Else Ury selbst in ihren Tagträumen? – ist ein glückliches Kind, von der Märchenfee bei der Geburt mit einem Schleier verzaubert. Wind, Sand, Sterne, Vögel, Feuer und Schnee erzählen dem Sonntagskind die schönsten Geschichten. Die darf es weitererzählen, damit sich alle Kinder der Welt daran erfreuen.

Nach dieser programmatischen Einleitung wird in 38 Geschichten auf über zweihundert Seiten erzählt, wie Kinder sich gut und richtig verhalten sollen. Streitende Geschwister

48

bekommen zu Weihnachten eine Rute, unordentliche Mädchen werden von Zigeunern verschleppt, durch das rührende Abendgebet eines Kindes wird eine weiße Missionarsfamilie vor dem bösen Hererostamm gerettet, der Mohr aus dem Struwwelpeter ist wieder einmal das warnende Beispiel, dass tägliches Waschen lebensnotwendig ist, und Naschhaftigkeit führt allemal zu ganz schrecklichen Ergebnissen. Aus arm wird reich, wenn die Taten edel und gut sind. Die Familie ist der sichere Hort, in der das Kind, behütet und geliebt, die menschlichen Tugenden erlernt. Die Geschichten sind im Ton von Märchen, als zeitlose Erfahrungen geschrieben und doch engstens an die zeitgemäßen Erziehungsvorstellungen angelehnt.

Im gleichen Jahr, in dem das Märchenbuch erschien, zogen die Urys in den neuen Westen, in die Kantstraße 30. Die Wohnung lag im zweiten Stock. Schon seit vier Jahren betrieb Dr. Hans Ury am Savignyplatz seine Arztpraxis. Hans Ury übernahm nun zwei Räume der Siebenzimmerwohnung als Praxis und Labor, Else bekam das hintere Erkerzimmer als Arbeits- und Wohnzimmer. Dort entstanden die meisten ihrer bekannten Werke, insbesondere die Nesthäkchen-Serie. Das Mehrfamilienhaus, dicht beim Savignyplatz, ist ein vornehmes Gebäude mit marmornem Treppenhaus, Spiegeln, Säulen und Stuck. Das Haus, obwohl modernisiert und stark verändert, atmet noch heute den Duft von Behaglichkeit und Wohlhabenheit mit roten Teppichen und goldverzierten Spiegeln im Treppenhaus. Hier ist die Atmosphäre vorstellbar, die auch die Nesthäkchen-Bände durchzieht: familiäre Zufriedenheit, Gemütlichkeit und Gastlichkeit, aber auch spießige Enge, ohne jeden Funken Geist der Boheme. Den repräsentierte der weltstädtisch werdende, leicht verruchte Kurfürstendamm ganz in der Nähe. Dort trafen sich später Gottfried Benn und Else Lasker-Schüler am Marmortisch des Romanischen Cafés, dort debattierte die literarische Avantgarde. Vielleicht begegnete Else Ury dem einen oder anderen Künstler manchmal beim Einkaufen. Obwohl sie literarisch gebildet war und auch moderne Bücher las, hatte sie keinen Kontakt zu diesem Berlin und wollte ihn wohl auch nicht haben. Sie lebte im Kreise der Verwandten und Freunde in einer traditionellen und kultivierten Umgebung, wo die Herren bei Tisch noch bei größter Hitze mit höflicher Verbeugung zur Dame des Hauses hin fragten: ›Dürfen wir das Jackett ablegen?‹, wo am Sonntagmorgen zum Frühstück vom Grammophonteller Konzerte erklangen und die Mutter sich erst ins Esszimmer begab, wenn das Dienstmädchen ›Gnädige Frau, es ist angerichtet‹ gemeldet hatte.

Nach dem ersten Erfolg im Globus Verlag warb bereits der Lektor eines anderen Berliner Verlages, Meidinger's Jugendschriften, um das neue Talent. »Schreiben Sie, gnädiges Fräulein, schreiben Sie weiter.« *Studierte Mädel*, eine Erzählung für junge Mädchen, ist 1906 fertig. Das Buch ist elegant gebunden, wie der Verlag werbend hervorhebt. Jedes der fünfzehn Kapitel beginnt mit Buchstabenornamenten. Ein Prachtexemplar der Jugendstilzeit aus einem renommierten Verlag. Die Presse berichtete wohlwollend. Ein modernes Buch, aber keine hetzerische, neumodische Streitschrift emanzipierter Frauen. Ein sympathisches Buch, das jedem jungen Mädchen bedenkenlos in die Hand gegeben werden kann.

Hilde, die junge Heldin des Romans, ist das Nesthäkchen einer Augenarztfamilie mit zwei älteren Brüdern. Sie ist lebhaft, aufbrausend, fröhlich und unbekümmert, faul in der Schule, stets zu Streichen aufgelegt und liebt, wie könnte es anders sein, die deutsche Literatur. Selbstverständlich sieht sie liebreizend aus, hat rehbraune Augen und hellbraune Locken (noch nicht so blond wie später das Nesthäkchen Annemarie Braun, mit der sie sonst einige Ähnlichkeit hat). Ihre Freundin Daisy, eine Deutsch-Amerikanerin, ist Vollwaise und wird bei adelsstolzen Verwandten lieblos aufgenommen. Sie ist die Vernünftige, Fleißige, Tüchtige in der Freundschaftsbeziehung und sie muss es sein, denn die ungünstigen Verhältnisse erzwingen diese Tugenden. Beide Mädchen haben es sich in den Kopf gesetzt, das Gymnasium zu besuchen, eine Einrichtung, die in Berlin für Mädchen erst wenige Jahre vorher entstanden war. Der Vater von Hilde, ein gutmütiger, konservativer Mann, hält eigentlich nichts von studierten Frauen, die Mutter aber findet, dass die Mädchen auf dem Lyzeum ›blutwenig‹ gelernt haben, und als gebildete Frau setzt sie den Wunsch der Tochter behutsam beim Vater durch. Kaum haben die Mädchen die Aufnahmeprüfung zum Gymnasium bestanden, beginnt der Konflikt. Daisy begegnet im Hause der Freundin einem jungen Arzt, zu dem sie sich stark hingezogen fühlt. Dieser findet am Frauenstudium eigentlich nichts Schlechtes, ist aber überzeugt, ein studiertes Mädel könne nicht lieben. Studium gehe immer auf Kosten des Gefühlslebens. Dieses harte Urteil verletzt Daisy tief und sie beschließt, für immer auf eine Ehe zu verzichten und ernsthaft ihr Studium zu betreiben. Hilde, sorgloser und in der Familie behütet, sieht die Alternativen nicht so scharf. Ihr Konflikt liegt anders. Sie schwärmt heimlich für den Schwarm aller Schülerinnen, den Mathematiklehrer, will aber ihre Gefühle nicht zeigen und spielt den Trotzkopf. Der Mathematiklehrer wiederum fühlt sich stark zu Hilde hingezogen, mimt aber den strengen Lehrer, um sich nicht zu verraten. Der plötzliche Tod ihres Vaters bringt eine tief greifende Veränderung in ihr Leben. Hilde ist entschlossen, sich eine eigene Existenz aufbauen, und beginnt gemeinsam mit ihrer Freundin das Medizinstudium. Hilde und Daisy gehen im zweiten Semester nach Heidelberg, das keine Sperre für weibliche Studenten mehr kennt. Die Freundinnen wohnen in einer Studentenbude, treffen sich am Wochenende mit Kommilitonen, gehen wandern und lernen eifrig. Hilde ist bald eine geachtete Fechterin, während Daisy lieber Tennis spielt. In den Ferien kommt dann die Wende. Bei einer Bergwanderung trifft unverhofft der Mathematiklehrer ein, rettet Hilde im Schneesturm aus einer Gletscherspalte und verlobt sich noch am gleichen Abend auf der Hütte mit seiner früheren Schülerin. Das Eheglück ist geschmiedet und »Hilde hängte ihre gelehrten Bücher an den Nagel. (…) Aus der jungen Studentin wurde ein eifriges und umsichtiges Hausmütterchen.« Der erste Sohn heißt Hans. Elses Bruder wird sich gefreut haben.

Und Daisy? Daisy wird Ärztin. Doch die alte Liebe zu dem Freund aus Schülertagen ist nicht vergessen. Schließlich arrangiert Hilde für Daisy bei ihm in der Kinderklinik eine

Assistentenstelle. Da passiert, was Hilde erhofft hat. Tief gerührt vom mütterlichen Verhalten seiner Kollegin gegenüber den kranken Kindern vergisst der junge Arzt seine Vorurteile gegen studierte Frauen und schließt sie in seine Arme. Die sentimentale Schlussszene hat jedoch eine Besonderheit. Daisy muss kein ›umsichtiges Hausmütterchen‹ werden: »Nicht nur mein geliebtes Weib wirst Du mir sein, Daisy, Du sollst mir auch die treue Gefährtin im Beruf sein. Nicht nur auf Liebe, auf gemeinsamer Arbeit gründen wir unsern Bund.« Ein bemerkenswerter Schluss in einem Trivialroman zu Beginn des 20. Jahrhunderts. Gern würden die Leser nun erfahren, wie ›ein Leben als Gefährtin im Beruf‹ aussah. Aber da ist der Roman auch schon zu Ende. Nesthäkchen und andere weibliche Heldinnen werden ihre ›Bücher an den Nagel hängen‹, werden das glückliche Hausmütterchen sein, das dem schwer geplagten Ehemann die Sorgenfalten sanft von der Stirn küsst. Doch das Thema ›Gefährtin auch im Beruf‹ lässt Else Ury nicht los. Im schon erwähnten Roman von 1930, *Wie einst im Mai*, wird sie den Lesern die schwierigen Kämpfe der Frauen vor Augen führen. Ebenso im Roman *Das Rosenhäusel*, in dem eine junge Frau um ihre eigenständige Existenz ringt.

Bemerkenswert an *Studierte Mädel* ist auch die Darstellung von Daisys adeligen Verwandten. Else Ury findet harte Worte für die Adelsfamilie: beschränktes Protzen, hochmütige Beschränktheit, geiziges Feilschen, hartherziges Tun. Die Tante bläht sich auf wie ein Pfau, die Tochter schnattert wie eine Gans. Den Mädchen aus den bürgerlichen Familien wird diese Karikatur einer adeligen Sippe viel Spaß gemacht haben. Die winzige, aber einflussreiche Schicht des Adels war in Berlin häufig Gegenstand des Witzes. Trotzdem wäre man doch gerne selbst geadelt worden! Das Bürgertum, reich nicht nur an Kapital, sondern auch an geistigen Größen – Professoren, Ärzten, Wissenschaftlern, Verlegern, Künstlern, Theatermachern –, war politisch schwach, und viele drängten sich unterwürfig zum Thron des deutschen Kaisers. Umso mehr gehörten Satiren und Witze über die Dummheit des Adels zum guten Ton. Else Ury hat dieses Zeitkolorit genutzt. In späteren

Büchern schlägt sie solche harten Töne nicht mehr an. Immer aber gibt sie dem soliden, bürgerlich-beschaulichen Milieu den Vorzug gegenüber dem adligen Luxusleben.

Studierte Mädel machte Else Ury in der Öffentlichkeit bekannt. Auch erwachsene Frauen lasen die Abenteuer von Hilde und Daisy gern und ließen sich von den Ereignissen zu Tränen rühren. Bis in die späten Zwanzigerjahre wurde das Buch gedruckt, ab der 26. Auflage 1929 erarbeitete Else Ury eine Neufassung und gab ihr den Titel *Studierte Mädel von heute*. Die *Bergisch-Märkische Zeitung* schrieb dazu: »Studierte Mädel sind unserer Generation etwas ganz Selbstverständliches, sie sind der Typ der Nachkriegsjugend. Dass studierte Mädel von heute doch noch gegen Vorurteile von gestern zu kämpfen haben, wie sie ihre Persönlichkeit durchzusetzen wissen und bei aller Jugendfreude zielbewusste, verantwortungsbewusste Arbeit leisten, zeigt Else Urys frisches, humorvolles Buch, das der reiferen weiblichen Jugend warm zu empfehlen ist.«

Was wird Franziska Ury, die anspruchsvollere Lektüre bevorzugte, zu den Erzählungen ihrer Tochter gesagt haben? Und wie wird Else Ury selbst ihr Schreiben gesehen haben? Vermutlich hat sie ihre Arbeit gar nicht mit literarischen Ansprüchen in Verbindung gebracht. ›Schreiben wie die Marlitt‹ lässt sie ihr Alter Ego in *Wie einst im Mai* träumen. Sie schrieb ausschließlich für Kinder und für die Jugend und legte immer sehr genau fest, welcher Altersstufe und welchem Geschlecht welches Buch angemessen war. Später – als ihr Neffe Klaus als zwölfjähriger Gymnasiast die Nesthäkchen-Bände oder die Serie von *Professors Zwillinge* aus dem Bücherschrank holte, um in den Ferien bei seiner Tante zu schmökern, ermahnte sie ihn unmissverständlich, sich doch geistig höher stehender Lektüre zu widmen, und verwies auf die passenden Autoren, z. B. Goethe oder Grillparzer. Jedes Alter hatte seinen Bildungsstandard und sein Leseniveau. Darauf bestand sie, bescheiden und realistisch zugleich. Die Experten waren damals der Auffassung, das Wichtigste in der Kinder- und Jugendliteratur wäre die pädagogische Botschaft, nicht die literarische Qualität. Hedwig Courts-Mahler, Eugenie Marlitt und Nataly von Eschstruth wurden von gebildeten Frauen belächelt, die Trivialromane in der Gartenlaube mussten für viele Witze herhalten und galten in gebildeten Kreisen als unschickliche Lektüre. Aber die Mädchenbücher konnten getrost von der schlichtesten Art sein, wenn nur der Inhalt die passenden Tugenden bot. Sprachlich bildet *Studierte Mädel* von Else Ury da keine Ausnahme: eine einfache, mit Naturbildern und Burschenschaftsjargon angereicherte Sprache galt als durchaus angemessene Form für junge Mädchen. Inhaltlich war der Roman jedoch etwas Besonderes. Das Thema Frauenstudium war ungewöhnlich. Die Lösung der Probleme eher konventionell. Hilde, das studierte Mädel, zögert keinen Moment, ihr Berufsziel aufzugeben, als der richtige Mann in ihr Leben getreten ist. Und die Freundin Daisy will, diese Vermutung legt die Autorin nahe, wohl nur deshalb als Ärztin arbeiten, weil sich kein passender Mann finden lässt. Beruf und Bildung als Ersatzhandlungen der Frauen, die ihre eigentliche weibliche Berufung noch nicht gefunden haben. Als Daisy endlich den Schwarm ihrer Mädchenträume trifft, heiratet auch sie. Das Happy End ist perfekt. Auch Studierte sind zur Erfüllung des Frauendaseins fähig. Dieser Moral sind auch die späteren Bücher Else Urys verpflichtet. Zwar versuchen ihre jungen Heldinnen, ihr Interesse auf Ausbildung und Beruf in den Jugendjahren durchzusetzen, manchmal auch unter heftigen Kämpfen gegen unverständige Väter, doch die eigentliche Bestimmung der Frau bleibt im großen Ganzen die Ehe und Familie. Nur der Beruf der Ärztin stellt bei Else Ury die große Ausnahme dar.

Else Ury hat ihre Lebensweise als ledige Frau in ihren Romanen nicht als Vorbild propagiert, ebenso wenig wie das andere Mädchenbuchautorinnen ihrer Zeit taten. Daraus lässt sich aber nicht der Schluss ziehen, dass sie eine mit ihrem realen Leben unzufriedene Frau war, die nur in ihren Romangestalten das erwünschte Glück verwirklichte. Die Frauenliteratur des 19. und beginnenden 20. Jahrhunderts kennt viele Beispiele, in denen die Autorinnen in ihren Texten den überlieferten Lebensmustern die Treue hielten, die Schriftstellerinnen selbst aber bereits den traditionellen Beschränkungen entwachsen waren, galt doch schon das Schreiben für die Öffentlichkeit als enormer Bruch mit dem Gewohnten.

29 Jahre, ledig, Schriftstellerin, wohnhaft im Hause der Eltern. Eine höhere Tochter und doch keine mehr. Else Ury bestritt durch ihre Honorare einen Teil der Haushaltsausgaben. Allein von den Zinsen der Wertpapiere, die der Vater in guten Zeiten erwarb, konnte die Familie den gewohnten Lebensstandard nicht halten. Der Vater hatte über dem Konkurs der Tabakfabrik seine gute Laune nicht verloren. Er war einundsiebzig, immer noch unternehmungslustig, nur das Herz wollte manchmal nicht mehr so recht. Die Mutter, äußerlich eine typische Berliner Matrone, dick und behäbig, doch geistig hellwach, war den erwachsenen Kindern und ihren Freunden immer eine gute Gesprächspartnerin. Bruder Hans führte seine Arztpraxis. Er war wie Else unverheiratet und lebte in der elterlichen Wohnung. Manchmal litt er unter heftiger Traurigkeit und zog sich ganz in sich zurück. In seiner Freizeit spielte er Bratsche und war Mitglied eines Ärztequartetts, das ab und zu auch Vorstellungen gab. Klaus Heymann, der jüngste Sohn der Schwester Käthe, berichtet, dass ihm als kleiner Junge das Üben seines Onkels schrecklich in den Ohren geklungen habe. Seine Mutter spielte Klavier, was er lieber hörte. Käthe lebte mit ihrem Ehemann, Baurat Heymann und der Tochter zuerst in Gollnow, dann in Königsberg, später in Breslau. Ludwig, der Älteste, hatte unlängst in der Neuen Synagoge in der Oranienburger Straße mit allem Pomp geheiratet. Alles war wohl geordnet.

1906 wurde Fritz, der älteste Sohn von Bruder Ludwig geboren. Es galt ein Fest zu feiern zur Beschneidung des Jungen. Am achten Tag nach der Geburt kamen sie in der Synagoge Heidereutergasse zusammen, wo der Mohel (der Beschneider) nach altem Ritus die Aufnahme des Kindes in den Bund Gottes mit Israel vollzog und dem Jungen seinen Namen gab. Käthe und Hugo Heymann mit der kleinen Lisbeth waren gekommen, auch die Familien Wallenberg und Davidsohn sowie weitere Freunde. Womöglich gingen sie gemeinsam nach der feierlichen Zeremonie in das ›Haus Vaterland‹ am Potsdamer Platz essen, das bei Bedarf auch koscheres Essen anbot.

Erfolgreich waren nicht nur die Brüder. Auch Else Ury bekam inzwischen immer mehr Anerkennung. Die Verlage drängten. Märchen und Erzählungen für Kinder waren in Mode gekommen. Nicht nur zum Globus Verlag, zur Union Deutsche Verlagsgesellschaft und zu Meidinger's Jugendschriftenverlag hatte sie Kontakt, auch Zeitschriften baten um Vorabdrucke ihrer Erzählungen. *Das Kränzchen*, eine Mädchenzeitschrift im Typ der modernen Illustrierten, wurde besonders in Großstädten gern gelesen. Hier gab es Fortsetzungsgeschichten spannender Romane, einfache Anleitungen zu häuslicher Arbeit, technische und wissenschaftliche Neuerungen wurden in populärer Art erklärt. 1909 erscheint dort Else Urys Backfischgeschichte *Vierzehn Jahr' und sieben Wochen*. In den nächsten Jahren wird sie zur beliebten Hausautorin. Das Schreiben machte ihr Spaß. Es bedeutet Lustgewinn, und vom materiellen Gewinn kann man es sich auf Reisen wohl sein lassen. Gern fährt sie ins Riesengebirge, klettert bis zur Erschöpfung in den Bergen, genießt lange Wanderungen und Gespräche mit dem Bruder oder der Freundin.

Für den Märchen- und Erzählband *Goldblondchen* erhält sie 1913 eine offizielle Anerkennung. Bis zum Kriegsausbruch 1914 schreibt Else Ury *Baumeisters Rangen*, angelehnt an die Alltagswelt in der Familie ihrer Schwester in Breslau, die sie häufig besuchte, *Dornröschen*, *Babys erstes Geschichtenbuch*, *Kommerzienrats Olly*. Die *Berliner Volkszeitung* lobt die Erzählung: »Die in der Mädchenwelt sehr beliebte Verfasserin zeigt mit diesem Buch aufs Neue, dass sie ganz besonders den Ton zu treffen weiß, der in den Herzen unserer Backfische einen Widerhall findet. Den Grund zu der warm empfundenen Erzählung hat Andersens poetisches Märchen vom ›hässlichen Entlein‹ gelegt. Olly, das mutterlose Kommerzienratstöchterlein, das den schönen Geschwistern so wenig gleicht, fühlt sich daheim unverstanden, zurückgesetzt und verspottet. (…) Wie aus dem unschönen Backfisch, dem ›hässlichen jungen Entlein‹ innerlich und äußerlich ein schöner Schwan wird, schildert das bis zur letzten Zeile fesselnde Mädchenbuch. Die Verfasserin hat es verstanden, den Ernst der Geschichte mit sonnigem Jugendhumor zu durchweben. Die innige Gemütstiefe, die aus jeder Seite spricht, die allerliebsten Federzeichnungen von Elfie Grace und die geschmackvolle Ausstattung, die Meidinger's Jugendschriftenverlag der Erzählung verliehen hat, werden *Kommerzienrats Olly* bald zu einem Lieblingsbuch unsrer Backfischwelt machen.« Noch im Jahre 1913 wurden *Das graue Haus* und eine Sammlung von Mädchengeschichten unter dem Titel *Huschelchen* veröffentlicht. Hier lernen die Leser erstmals auch den Ferienort Krummhübel im Riesengebirge kennen.

Allen Bänden ist ein gewisser Humor eigen, verbunden mit teils geschickten, teils penetranten Belehrungen über die erstrebenswerten Tugenden kleiner Mädchen: Ordnung, Sauberkeit, Fleiß und Gehorsam. Immer wandelt sich da eine Kleine vom liederlichen, unordentlichen, vergesslichen, schmutzigen und huscheligen Mädchen in ein ordentliches und sittsames junges Fräulein. Aus schwarz wird weiß, aus böse gut. Die Liebe der Eltern und Erzieher und die bittere Lebenserfahrung bringen die Wandlung hervor. Und meist wird auch noch nach allen Regeln deutscher Gemütlichkeit Weihnachten gefeiert, ›Stille Nacht‹ gesungen und den Ärmsten werden liebe Gaben gebracht. Wenn es ganz dick kommt und die Not am größten ist, greift auch mal der Kaiser ein und hilft einem armen, aber fleißigen Kind aus der Patsche. Heile Welt!

1908 richtete die jüdische Großloge B'nei B'rith einen Märchenwettbewerb aus. Else Ury erfuhr davon und schrieb ein Märchen mit dem Titel *Im Trödelkeller* (Abdruck S. 170–176). Der Sammelband preisgekrönter, jüdischer Märchen erschien 1925 in dritter Auflage. Obwohl er sehr beliebt gewesen zu sein scheint, ist er erst vor wenigen Jahren wiederentdeckt worden. Über Else Urys Märchen heißt es im *Wegweiser für die Jugendliteratur* von 1909: »Der poetische Duft, der über dem in der ›Zinnsoldaten‹-Art gehaltenen Märchen liegt, lässt diese Dame als besonders befähigte Märchenerzählerin erscheinen.« Das Märchen *Im Trödelkeller* erzählt von einem frommen Juden, dessen Nachkommen ins Unglück geraten, weil sie die Gebote der Religion missachten und nur noch weltlichen Gelüsten frönen. Else Ury beschreibt den Aufstieg und Fall der Familie am Beispiel der Mesusa. So heißt die am rechten Türpfosten jüdischer Häuser angebrachte Metallkapsel, die einen Pergamentstreifen mit einem Text aus der Thora enthält. Im Märchen spricht die Mesusa selbst und sagt: »In meinem unscheinbaren Gewande berge ich das heiligste Gebet des Israeliten: ›Höre Israel!‹ Mit eigener Hand befestigte mich Joseph, als sein Sohn ein eigenes Heim gründete, an dem Türpfosten des neuen Hauses.« Sie wandert schließlich – äußeres Zeichen des Verfalls – von der Speisezimmertür über die Kinder- und Küchentür weiter abwärts, bis sie im Keller landet. »Die Sabbatruhe mit dem lichtbeglänzten Tisch war aus dem Haus gescheucht, die schönen, friedlichen Festtage, an denen sich einst die Familie zusammengeschart, gingen unter in dem Lärm des Alltags.« Das Unglück wird durch das eigene Verschulden der Familie verursacht. »Das schönste im Leben eines Kindes, das noch im späten Alter die vergangene Jugendzeit mit goldenem Märchenzauber umwebt, das innige jüdische Familienleben und die Weihe der Festtage lernten sie nicht kennen.« Die armen Kinder waren zu bedauern, denn sie wuchsen ohne Frömmigkeit, ohne Ehrfurcht vor den Geboten der Religion auf. Aufs engste verbinden sich in der märchenhaften Erzählung religiöse Hingabe und familiärer Zusammenhalt. Beide zusammen bilden – so die Moral des Märchens – die Grundlage menschlichen Glücks.

Ury-Leserinnen und -Leser wissen, dass der Familie in all ihren Geschichten große Bedeutung zukommt. Familiärer Zusammenhalt, gemeinsame Mahlzeiten, Geburtstage und Verwandtentreffen sind Höhepunkte im Leben der Heldinnen. Else Ury steht damit in einer typisch jüdischen Tradition. Schon Heinrich Heine nannte die Familie die ›tragbare Heimat der Juden‹ und Hannah Arendt schrieb: »In der Erhaltung des jüdischen Volkes hat in der Tat die Familie eine beispiellose Rolle gespielt, und Familienbande sollten auch noch in der Zeit der Assimilation und Emanzipation sich als die konservierendsten Volkskräfte erweisen.« Es ist die doppelte Identität als Jüdin und als Deutsche, der sich Else Ury ganz selbstverständlich verpflichtet fühlt. Eine gebildete Familie zu sein, bedeutete ih-

58

ren Mitgliedern, ›Deutschtum‹ und ›Judentum‹ gleichermaßen zu leben. In diesem Geist war Else Urys Märchen geschrieben. Den heutigen Lesern zeigt das Märchen darüber hinaus, wie innig sie mit den Ritualen und religiösen Gesetzen des Judentums verbunden war, auch wenn sie diese in den anderen Büchern nicht erwähnt und als erwachsene Frau kaum noch praktiziert.

Noch eine weitere Geschichte, *Die erste Lüge*, handelt von einer jüdischen Tradition, dem Laubhüttenfest. Im Mittelpunkt steht der kleine Rudi. Er hatte, als der Großvater die Enkel fragte, ob sie auch den Segensspruch über Feststrauß und Paradiesapfel gesprochen hätten, wie es die religiöse Sitte am Laubhüttenfest vorschreibt, eifrig genickt und mit Ja geantwortet. Der Großvater hatte ihnen daraufhin freundlich über den Kopf gestrichen und sie gelobt. Nun plagt Rudi das schlechte Gewissen, denn in Wahrheit hatte er gerade an diesem Morgen sein Gebet vergessen. In märchenhafter Weise werden nun der traditionelle Feststrauß und der Paradiesapfel lebendig. Aus dem Strauß springen drei Weiblein auf ihn zu und aus dem Apfel ein Männchen, das sein Herz aus dem Leib holt und ihm den Spiegel vorhält. Ein hässlicher Fleck, die eben begangene Sünde der Lüge, prangt für Rudi deutlich sichtbar auf dem sonst reinen Herzen. Da helfen nicht Seife noch Bimsstein, wird er belehrt. Er muss dem Großvater die Lüge eingestehen. Als er das nach dem Aufwachen auch tut, kann er Vergebung erlangen und endlich fröhlich, wie die anderen Kinder, in die Laubhütte laufen und das Fest feiern.

Die Zeitschrift *Wegweiser für die Jugendliteratur*, in der die Geschichte abgedruckt ist, wurde von der Großloge für Deutschland im Auftrag der von ihr eingesetzten Kommission zur Schaffung einer jüdischen Jugendliteratur herausgegeben und befasste sich intensiv mit der Frage, was jüdische Kinder lesen sollten. Sie bewertete erschienene Bücher aus dem deutschen Sprachraum und veröffentlichte Geschichten, insbesondere zu den jahreszeitlichen, religiösen Festen. Else Ury wird aufgrund ihrer Teilnahme am Märchenwettbewerb gebeten worden sein, häufiger für die Zeitschrift zu schreiben. Diese

Geschichte zeigt ebenfalls eine sehr genaue Kenntnis der jüdischen Traditionen und Riten und ihr Talent, die Ermahnungen in märchenhafte Vorstellungen zu fassen. Auch die Feuilleton-Beilage der *Vossischen Zeitung* erbittet weitere Artikel von Else Ury. So beschreibt sie mit Humor, Selbstironie und großer Anschaulichkeit eine Reise ins Arlberggebiet und die Ausflüge in die umliegenden Ortschaften.

Else Ury wurde in diesen Jahren eine wohlhabende Frau. Da musste auch ein Konto angelegt werden. Lange wird man sich im Hause Ury beraten haben. Sollte das Geld weiter auf dem Konto des Vaters liegen, sollte der Bruder als Sachwalter einspringen? Oder wollte man wirklich dazu übergehen, ein ledinges Fräulein eigenverantwortlich Geldgeschäfte tätigen zu lassen? War das überhaupt rechtens? Was sagte das Bürgerliche Gesetzbuch dazu? Der Bruder Ludwig wurde zu Rate gezogen. Sicher doch, war die Auskunft, ob Mann oder Frau, jeder volljährige Mensch ist geschäftsfähig. So wurde beschlossen, dass der erfahrene Bruder die Schwester zur Kontoeröffnung begleiten sollte.

Bahnhof Halensee, Kurfürstendamm. Commerzbank. Eine kleine, füllige und vornehm gekleidete Dame sowie ein nicht minder vornehmer Herr betreten an einem Morgen des Jahres 1912 die Bankfiliale. Der Herr scheint den Bediensteten wohlbekannt, man grüßt, die Dame wird vorgestellt, die Herrschaften werden ins Chefkontor gebeten. Der Herr Direktor lässt bitten. Die wenigen Formalitäten zur Eröffnung eines Kontos für Sparzwecke sind schnell erledigt. Es folgt ein Dialog, wie Else Ury ihn in ihren Büchern so gern schreibt:

– Darf ich Ihnen, gnädiges Fräulein, noch einen wohlgemeinten Rat geben?
– Selbstverständlich gern, mein Herr.
– Ich möchte Ihnen in Ihrem wohlverstandenen Interesse raten, das Geld nicht in Gänze auf einem Konto zu lassen, was wir Bankleute ›Giralkonto‹ nennen. Bei Ihren hervorragenden Erfolgen ist es in der Tat angebracht, das Kapital in Wertpapieren anzulegen. So wird es sich mit Zins und Zinseszinsen

vermehren. Überlegen Sie mit Ihren Herren Brüdern diese Möglichkeit. Ich werde Sie immer gern beraten.

– Daran habe ich auch schon gedacht.

– So, das trifft sich gut. Haben Sie vielleicht bereits ein bestimmtes Ziel, gnädiges Fräulein, wenn ich fragen darf?

– Sicher doch. Ein lang gehegter Wunsch, ein Ferienhaus in Krummhübel. Wenn ich irgendwann einmal soviel Geld haben werde, dass ich mir das leisten kann, dann soll das unser aller Ferienparadies sein.

Die Unterredung ist nach ein paar Floskeln beendet. Die Geschwister werden das erfolgreiche Unternehmen im neu eröffneten Kaufhaus des Westens am Wittenbergplatz mit einer Tasse Schokolade zu krönen gewusst haben. Das KaDeWe, ein Prachtbau mit Gärten, Palmenhaus, Aquarien mit lebenden Hummern und Krebsen, Lichtsäulen und breiten, samtbezogenen Treppen. Ludwig und Else werden in vollen Zügen den schönen Schein des weltstädtischen Kaufhauses genossen haben. Behaglich trinken sie im Café Wiener Kakao mit Schlagobers und phantasieren sich ein Ferienhaus in die Zukunft.

Mit den Tantiemen aus der außerordentlich erfolgreichen Nesthäkchen-Serie kann Else Ury sich den Traum vom Ferienhaus alsbald erfüllen. Schon um 1912/13 beginnt sie daran zu schreiben. Anders als früher angenommen, geht die Forschung heute davon aus, dass schon vor dem Weltkrieg die beiden ersten Bände der Nesthäkchen-Serie erschienen: *Nesthäkchen und ihre Puppen* und *Nesthäkchens erstes Schuljahr*. Eine Erfolgsgeschichte beginnt. 1913 erfährt Else Ury auch zum ersten (und einzigen) Mal eine offizielle Anerkennung ihrer Schriftstellerei in der *Jugendschriftenwarte*, dem offiziellen Organ der Vereinigten Deutschen Prüfausschüsse für Jugendschriften. Sämtlichen Lehrerzeitschriften des Reiches und den Büchereiinformationen wurde das Mitteilungsblatt beigelegt. *Goldblondchen*, ein weiterer Märchenband von Else Ury, wird als ›lesenswert für die dritte Klassenstufe‹ empfohlen. Diese Festlegung entspricht ungefähr der Anerkennung, die es heute bedeutet, auf der Auswahlliste für den deutschen Jugendbuchpreis zu stehen.

Else Ury wird sich, gemeinsam mit ihrem Verleger, über die Auszeichnung gefreut haben, standen doch die Kinderbuch schreibenden Frauen in Verruf, massenhaft talentlosen Kitsch zu produzieren. Else Urys Vorgängerinnen, etwa Clementine Helm mit *Backfischchens Freuden und Leiden*, Thekla von Gumpert mit ihrem *Töchteralbum* oder Emmy von Rhoden mit *Trotzkopf* und den Folgeromanen, wurden von der Fachliteratur einhellig als kitschig und schädlich für die heranwachsenden Mädchen verurteilt, was ihrer Verbreitung aber keinen Abbruch tat. So ist es auch nicht erstaunlich, dass Else Ury im ganzen Jahr 1913 die einzige Frau ist, die mit einem Titel unter den empfohlenen Büchern der Jugendschriftenwarte auftaucht. Nicht mit ihrem Buch *Studierte Mädel*, das wahrscheinlich unter das gleiche vernichtende Urteil der Jury gefallen wäre, sondern mit einem Märchenbuch. Unter thematischen Schwerpunkten wie ›Friedrich der Große im Jugendbuch‹ oder ›Natur im Jugendbuch‹ stellte die Jury wichtige Texte ausführlich vor und benannte Erfahrungen im Umgang mit der Lektüre in der Schule. Einen breiten Raum nahm in der Zeitschrift die Streitfrage ein: Was ist eigentlich ein gutes Jugendbuch? Es scheint seit der Gründung der Jugendschriftenwarte durch Heinrich Wolgast in dieser Frage eine Fülle von Fraktionierungen gegeben zu haben. Die Entscheidung war schon damals schwierig und rief heftigste Polemik auf den Plan. Der Geschmack der jungen Leserinnen und Leser spielte bei den Kritikern selbstverständlich keine Rolle. Sie sollten belehrt und mit literarisch Wertvollem bekannt gemacht werden.

Goldblondchen ist – ähnlich wie Else Urys erstes Märchenbuch – mit farbigen Bildern und Ornamentbuchstaben liebevoll aufgemacht. Märchen sind, so erzählt die erste Geschichte, die wichtigste Nahrung für Kinder. Ohne sie können Kinder nicht menschlich leben. Eine einfühlsame Wahrheit, die später in der Psychoanalyse, insbesondere von Bruno Bettelheim, wissenschaftlich vertieft werden wird. Else Ury konnte solche Überlegungen nicht kennen. Sie hat sie erahnt und in phantasievoller Weise Kindern nahe gebracht. Schon in *Was das Sonntagskind erlauscht* stellte sie ähnliche Gedanken an den Anfang, in *Goldblondchen* werden sie sehr viel gekonnter und ohne die übliche schlichte Moral entwickelt. Wieder sind es die Freuden und Leiden des Kindseins, die im Mittelpunkt der Geschichten stehen. Die kleinen Verstöße gegen die unumstößlichen Tugenden Ordnung, Fleiß und Sauberkeit. Den Mädchen und Jungen wird mit Urys Erzählungen jedoch keine Angst eingeflößt, es werden keine Drohungen ausgestoßen, wie die herrschende Pädagogik es für richtig hielt. Vielmehr sind beharrliche Fürsorge, liebevolle Zuneigung und das positive Vorbild der Eltern die Kräfte, die die Kinder auf den richtigen Weg bringen. Da wirkt es wie ein Kontrastprogramm, wenn in der gleichen Nummer der Lehrerzeitschrift begeistert ein Urteil der 2. Strafkammer des Landgerichts III in Berlin zitiert wird, das die Züchtigung mit dem Rohrstock als richtig und angemessen beurteilt, auch wenn Striemen zurückbleiben. Im gelobten Urteil heißt es: »Andernfalls wäre eine körperliche Züchtigung mit einem Rohrstock, durch die Schmerz verursacht werden soll (…) gar nicht durchführbar. Auch die Zahl der Schläge (8 bis 10) und ihre Heftigkeit konnten im vorliegenden Falle eine Gesundheitsschädigung nicht herbeiführen, da sie lediglich gegen Teile des Körpers geführt wurden, die durch ihre natürliche Beschaffenheit zur Anbringung der Schläge geeignet waren.«

Ein solches Prügelurteil, das die Lehrerzeitschrift als Erleichterung und Klarstellung der täglichen Praxis in der Schule bezeichnet, findet bei Ury keinen Zugang. In ihren Büchern tauchen Schläge als Mittel der Erziehung nur sehr selten auf. Bei *Nesthäkchen* wird ein einziges Mal die Rute hinter dem Spiegel hervorgeholt, ansonsten sind die Strafen anderer Natur: ernste Ermahnungen, Verbot beliebter Ausflüge, Entzug der Süßspeisen, das Verbot, ein Kinderfest zu geben.

Im Feuilleton der *Königlich privilegierten Berliner Zeitung*, einer Sonderausgabe der *Vossischen Zeitung*, erzählt Else Ury im Dezember 1910 unter dem Titel ›Mutterfreuden‹ eine anrührende Geschichte zur Alltagspädagogik: Ditta, der Sohn von Bruder Ludwig (in Realität Fritz Ury), kommt nach der Geburt der Schwester zu Tante Else. Der Dreijährige fühlt sich bei der

Tante ganz zu Hause. In witziger Weise stellt Else Ury dar, wie in den wenigen Besuchsstunden ihr theoretischer Grundsatz: ›Konsequent muss man einem Kind gegenüber sein‹ in der Praxis gänzlich Schiffbruch erleidet. Sie erliegt völlig dem Charme des kleinen Jungen, der sie bis zum späten Abend und morgens bereits in aller Frühe mit seinem Geplapper, seiner nicht rastenden Aktivität und den nie endenden Warum-Fragen in Atem hält. Der Junge nimmt ihr Zimmer in Beschlag, erlaubt der Tante aber großmütig, sich auch dort aufzuhalten. Tief beeindruckt erlebt sie, dass der Junge eigentlich ihr Erzieher ist und nicht umgekehrt. Er ist, wie sie sagt, ›ihr kleiner Pestalozzi‹. Ungeschminkt und mit feiner Beobachtungsgabe schildert sie den Besuchsalltag mit einem lebhaften Kind und verschweigt nicht, dass so ein kleiner Kerl auch ziemlich anstrengend sein kann. Sicher hätte im kaiserlichen Deutschland mancher Pädagoge der Ury klare Rezepte entgegengehalten, wie man mit Strenge und Konsequenz einen Dreijährigen bändigt. Der Struwwelpeter hatte in den Kinderbüchern damals unzählige Epigonen. Doch Else Ury wollte nicht bändigen, sie wollte auf das Kind eingehen und mit ihm gemeinsam Erfahrungen sammeln.

Ermutigt von dem Zuspruch der Verlage und der Öffentlichkeit schreibt sie gelegentlich auch für die Bühne. Ein Weihnachtsmärchen in vier Bildern *Der Sandmann kommt*. Es ist die Geschichte von der armen Liesel und ihrem Bruder Peter, die vom Sandmann aus der engen Mietskaserne ins Reich der Träume, in die Packkammer von Knecht Ruprecht und zu den Tannenelfen entführt werden und zum Abschied einen Sack Sand geschenkt bekommen. Der Sand entpuppt sich zu Hause als pures Gold und die Not hat ein Ende. Aufgeführt wurde das Märchen 1913 unter großem Beifall im ›Luisentheater‹ in der Reichenberger Straße 34 in Kreuzberg. Alle großen Berliner Zeitungen berichten am 5. Januar über die Premiere: »Im Luisentheater gab es gestern Nachmittag noch einmal eine richtige Kinderpremiere, ein Weihnachtsmärchen mit Gesang und Tanz von Else Ury. (…) Zur Überleitung spielte das Orchester immer bekannte Weihnachtsmelodien und die kleinen Herrschaften, die zum ›Zuhören‹ gekommen waren, sangen mit, den hellen Reflex des eben vergangenen Festes noch in den Augen. Gewiss! Das war das Schönste!«, und die *Vossische Zeitung* schreibt: »Die Verfasserin bewährt in dem Märchen ihre längst anerkannte Begabung für Jugendschriftstellerei aufs neue. Der Inhalt des Stückes ist poetisch und doch mit Geschick auf die kindliche Fassungskraft zugeschnitten. Mit Interesse verfolgten die kleinen Zuhörer die Schicksale des Kinderpaares, das vom Sandmann ins Traumland geführt wird.« Auch die *Berliner Morgenpost* lobt das Stück: »Das so recht aus der fröhlichen Festesstimmung heraus geborene, dem kindlichen Verständnis trefflich angepasste Stück fand gerade zu stürmischen Beifall.« Wieder ist Else Ury ganz modern, so führt der Artikel weiter aus, Knecht Ruprecht lässt sich die Wünsche von den Kindern telefonisch weitergeben und er kommt mit seinem Zeppelin zur Erde nieder. »Reicher Erfolg bei klein und groß belohnte ihr anerkennungswertes Streben.«

Der *Sandmann* ist eins der zwölf Märchen, die Else Ury seit 1906 für den Kalenderteil des Bandes *Das Theater von Benno Jacobsen* als Kalendergeschichte geschrieben hatte.

1912/13 erscheint der Jugendroman *Das graue Haus* in der Kränzchen-Bibliothek, einer Reihe von Romanen für junge Mädchen aus der Union Deutsche Verlagsgesellschaft. Auch diese Geschichte war sehr rasch beliebt. 1928 kam beim gleichen Verlag schon die 21. Auflage heraus. Else Ury, bei allem Humor ein bisschen sentimental, was ihre Jugend und ihre Freundinnen angeht, hat sich in der Kränzchen-Reihe sicher gut aufgehoben gefühlt. Der Name rief lieb gewordene Erinnerungen an die Nachmittage mit den Schulfreundinnen in ihr wach. Unter den Jugendromanen, die Else Ury bis zum Ersten Weltkrieg schrieb, ist *Das graue Haus* einer mit deutlich autobiographischen Hinweisen. ›Lang, lang ist's her‹, lässt Else Ury den Roman beginnen und berichtet, dass die Ich-Erzählerin Ilse die Freundin und Kränzchenschwester der drei beschriebenen Mädchen ist. Sie hat deren Lebensweg als Waisenkinder ganz aus der Nähe bis zum doch noch guten Ende miterlebt. Heute sind sie glückliche Frauen und zärtliche Mütter, die ihre

Kinder mit all der Liebe umgeben, die sie selbst in ihren Mädchenjahren entbehren mussten. Die Schwestern, 15, 14 und neun Jahre alt, kommen nach dem Tod der Eltern zu einem Großonkel. Er heißt Grimm, und sein Name ist Programm. Er ist hartherzig und geizig, schindet die Mädchen, tadelt sie ständig und gönnt ihnen keine Freude. Überdies verbietet er ihnen jeglichen Kontakt zu den Verwandten des verstorbenen Vaters, der als leichtlebig und verantwortungslos gilt. Die drei Schwestern müssen sich der Strenge des Onkels fügen. Schließlich gelingt es ihnen, durch liebevolles und verständiges Verhalten, den Starrsinn des alten Herren zu brechen und seine Zuneigung zu gewinnen. Ilse, die fröhliche und unbeschwerte Freundin der Schwestern, aus einer heilen Familie kommend, kann die Liebe und Zuneigung, die sie täglich erfährt, an die armen Waisenmädchen weitergeben. Offensichtlich hat Else Ury selbst bei der Charakteristik dieser Ilse Pate gestanden. Das Mädchen dichtet holprig-gereimte Schlittenlieder, liebt die Literatur und ist, wie Else Ury, so klein, dass sie zu ihrem Bedauern selbst mit 16 Jahren nur auf Zehenspitzen an die Türklingel heranreicht. Sie tanzt für ihr Leben gern, hat zwei ältere Brüder, fährt im Urlaub ins Riesengebirge und geht in die Selecta des Lyzeums; hier heißt sie Liesen- und nicht Luisenschule. Ilses Familie, das ›fröhliche Schwalbennest‹, und insbesondere ihre Mutter spielen als Zufluchtsort und Helfer in der Not eine wichtige Rolle. Dort dürfen die familienlosen Kinder ein wenig vom Glück einer intakten Familie erfahren. Deutlich wie selten in ihren Büchern formuliert Else Ury ihr Selbstverständnis als unbeschwertes, glückliches Kind, das die Liebe, die es zu Hause überreichlich erfährt, an andere weitergeben kann. Wer geliebt wird, kann weniger Glücklichen in ihrem Leben beistehen. So lautet die immer wiederholte Moral des Romans.

Die Erzählung vermittelt auch einen deutlichen Einblick in Urys gesellschaftliche Vorstellungen. Mit naivem Standesbewusstsein wird eine der schlimmsten Gemeinheiten des Großonkels Grimm geschildert: Eine der Schwestern muss als Hausangestellte ihr Geld verdienen, obwohl der Onkel ein reicher Mann ist. Hausangestellte sein verletzt die Ehre des Mädchens aus gutem Hause aber auf das Äußerste. Als sie dann auch noch ein Trinkgeld bekommt, weist sie es aus gekränktem Stolz empört zurück. Nicht die damals beklagenswerte Lage der weiblichen Hausangestellten steht zur Debatte. Diese Situation wird nicht infrage gestellt. Einzig empörend erscheint der Autorin, dass ein Mädchen von Stand solche niedrige Arbeit zu tun gezwungen wird und Trinkgeld angeboten bekommt. Die festgelegten Schranken zwischen Personal und Herrschaft stehen bei ihr nicht zur Disposition.

Im Sommer 1914 fuhren Urys wieder einmal in die Sommerfrische. Dort überraschte sie, wie Tausende andere Deutsche, behaglich plaudernd bei einer Tasse Kaffee im Liegestuhl, die Nachricht vom Krieg.

Else Ury und der Weltkrieg
(1914–1918)

›Extrablatt! Extrablatt! Mobilmachung! Kriegserklärung seiner Kaiserlichen Majestät! Extrablatt!‹ Berlin ist von euphorischem Wirbel erfasst. Seit dem 1. August, dem Tag der Mobilmachung, sammeln sich die Menschen in der Umgebung der Schlosses, jubeln den kaiserlichen Paladinen zu, rufen ihr Hoch auf den Kaiser und das Vaterland. Die historische Sitzung des Reichstages am 4. August wird von der gleichgeschalteten Presse aufgezeichnet: »Heute Mittag um 1 Uhr fand die feierliche Eröffnung des durch kaiserliche Verordnung vom 2. des Monats einberufenen Reichstags im Weißen Saale des Königlichen Schlosses durch Seine Majestät den Kaiser statt. Auf die Meldung des Reichskanzlers Dr. von Bethmann Hollweg begaben sich seine Majestät der Kaiser in den Weißen Saal, wurden beim Eintritt von der Versammlung mit dreimaligem Hoch empfangen, das der bisherige Präsident des Reichstags Dr. Kaempf ausbrachte, und nahmen vor dem Thron Stellung. Hierauf geruhten seine Majestät, aus der Hand des Reichskanzlers Dr. von Bethmann Hollweg die Thronrede entgegenzunehmen und, das Haupt mit dem Helm bedeckt, zu verlesen: ›Sie haben gelesen, meine Herren, was Ich an Mein Volk vom Balkon des Schlosses aus gesagt habe. Hier wiederhole Ich: Ich kenne keine Parteien mehr, Ich kenne nur noch Deutsche. Zum Zeichen dessen, dass Sie fest entschlossen sind, ohne Parteiunterschiede, ohne Stammesunterschiede, ohne Konfessionsunterschiede durchzuhalten, mit Mir durch dick und dünn, durch Not und Tod, fordere Ich die Vorstände der Parteien auf, vorzutreten und Mir das in die Hand zu geloben.‹ Die Parteiführer kamen dieser Aufforderung nach unter stürmischem, andauerndem Bravo.«

›Ich kenne keine Parteien mehr, Ich kenne nur noch Deutsche‹ war das Stichwort, was auch die kleine jüdische Minderheit im deutschen Bürgertum begeisterte und sie sofort ›zu den Fahnen‹ eilen ließ. Tausende jüdische Männer meldeten sich freiwillig zur Front. Haftete ihnen doch das Odium der Drückebergerei an, obwohl viele schon seit langem hätten Offizier werden wollen, es aber wegen ihrer Konfession nicht konnten. Im Begeisterungstaumel der ersten Kriegstage war all das vergessen. Angeblich brach eine neue Zeit an.

Die ersten Einschränkungen, die der Krieg mit sich brachte, waren in Berlin schon im August spürbar: Absetzung von Theatervorstellungen, Schließung von Museen, Reduzierung des öffentlichen Nahverkehrs und des Stromverbrauchs. Ganze Scharen jubelnder Rekruten durchzogen Berlin und stiegen am Zoologischen Garten in die Züge, auf denen hoffnungsvoll stand: ›Auf Wiedersehen bis Weihnachten!‹

Die Familie Ury war in großer Hast von Johannesbad in Böhmen aus der Sommerfrische aufgebrochen. Auch an der Kantstraße ging es hektisch zu. Junge Männer meldeten sich begeistert für den Kriegsdienst. In ihrem Buch *Nesthäkchen und der Weltkrieg* spiegelt sich Else Urys Denken zu dieser Zeit. Eindringlich ermahnt sie die Kinder, jetzt zu allen Opfern bereit zu sein. »Unser eigenes, kleines Ich und alle unsere persönlichen Wünsche müssen wir jetzt hintenan setzen, nur an das Wohl unseres Vaterlandes und seiner braven Verteidiger dürfen wir denken. (…) Ringsum neidische Feinde, wie sollte sich Deutschland bei aller Tapferkeit und Begeisterung da wohl behaupten?« Für sie war sicherlich besonders von Bedeutung, dass jetzt auch die Juden gefragt waren, ihre vaterländische Pflicht zu erfüllen. Wahrscheinlich war Dr. Hans Ury nicht im Krieg. Er war gesundheitlich nicht so stabil, dass er für einen Einsatz an der Front infrage kam. Auch Ludwig wurde, wahrscheinlich aus Altersgründen, nicht mehr eingezogen. Doch als gute Patrioten begrüßten Urys die neue Lage und jubelten gemeinsam mit der ganzen Nachbarschaft, als die Festung Lüttich im Sturm genommen wurde. »Wenige Tage nach der Kriegserklärung schon solch ein Schritt vorwärts! Da sieht man doch, dass Gott mit unserer gerechten Sache ist«, lässt sie die Großmama in ihrem Nesthäkchen-Buch sagen.

Täglich standen sie auf dem kleinen Balkon, wenn die Züge der ausrückenden Soldaten vorbeizogen. »Mit Gloria-Viktoria,

Nesthäkchen und der Weltkrieg –
Variante mit seltenem Cover von Prof. Sedlacek.

mit Schingderassa und Schnetterengteng marschierten wieder neue Regimenter blumengeschmückt dem unweit gelegenen Bahnhof zu. Ihnen zur Seite Frauen und Kinder, die den
Söhnen, Männern und Vätern das Geleit gaben. Früh und spät
erschallte jetzt der Gesang ausrückender Truppen durch die
sonst ruhige Straße. Er bildete die schönste Abwechslung.«
In ihrem Kinderroman erzählt der Älteste, Nesthäkchens
Bruder Hans, jeden Abend den staunenden Geschwistern
die Erlebnisse unmittelbar vom Bahnhof Zoo, wo er seinen
Pfadfinderdienst leistet. »Fein war es heute«, erzählte er eines
Abends. »Du hättest dabei sein müssen. Denk mal, wir Pfad-

finder bringen nachmittags Stullen an einen Zug, der aus lauter offenen, mit Girlanden geschmückten Viehwagen besteht. Und weil die Feldgrauen sich manchmal genieren, ordentlich zuzugreifen, reden wir ihnen tüchtig zu. Und besonders einer, der wollte durchaus nichts mehr nehmen und versicherte mir, immer wieder lachend, sein Soldatenmagen könne beim besten Willen nichts mehr vertragen. Aber ich ließ nicht locker, bis er mir schließlich doch 'ne Wurschtstulle abnahm. Da puffte mich einer der Pfadfinder in den Rücken. ›Mensch‹, flüstert der mir zu, ›weißt denn nicht, wer das ist?‹ ›Nee,‹ sagte ich. ›Das ist doch Prinz Joachim!‹ Wahr und wahrhaftig, er war es. Mitten im Viehwagen und unter all den Mannschaften wie ihresgleichen. War ich stolz, dass er gerade meine Wurschtstulle aß. Und als der Zug weiterfuhr, da hat er mir noch mal zugewinkt.«

Die Erwachsenen hörten den Berichten gern zu. Die Frauen strickten Strümpfe für die ›Feldgrauen‹, jeder sollte seinen Beitrag leisten. Voller Begeisterung für die neue Volksgemeinschaft von Arm und Reich, die der Krieg mit sich brachte, tat auch Else Ury, was sie nur konnte. Möglicherweise meldete sie sich beim Jüdischen Frauenbund als Helferin, denn sie war überzeugt: »Mit Geld und Waren allein ist es nicht getan. Opfern heißt etwas hingeben, was einem schwer wird. Unsere Zeit und unsere Arbeit sollen wir dem Vaterlande opfern. Nicht, was Spaß macht, sollst du tun, sondern was am nutzbringendsten für unsere Krieger ist.« Dieser Moral wird sie auch im persönlichen Leben gefolgt sein. Mit Freude hörte sie, dass in den Schulen ein anderer Geist herrschte als früher. Die Lehrer lehrten ihre jungen Schüler begeisterte Liebe zum Vaterland, grenzenlose Opferfreudigkeit für die draußen Kämpfenden, den erhabenen Stolz, ein deutscher Knabe oder ein deutsches Mädchen zu sein und die gleichzeitig daraus erwachsende Pflicht, trotz der Jugend seinen Platz in dieser schweren Zeit auszufüllen.

Als die Glocken ganz Berlins am 31. August läuteten, weil Hindenburg in der Schlacht bei Tannenberg gesiegt und über 30 000 Russen gefangen genommen hatte, holten wahrscheinlich auch die Bewohner des Hauses Kantstraße 30 die neue schwarz-weiß-rote Fahne auf den Balkon, um ihrer Siegesfreude Ausdruck zu geben. Alle waren glücklich, so heißt es im Nesthäkchen-Band, denn »die furchtbar drohende Russengefahr, die sich in das blühende Ostpreußen verheerend hineingewälzt hatte«, war durch den Sieg des Feldmarschalls zum Stehen gebracht worden. »Unvergessliche Tage, diese herrlichen Augusttage des ersten siegreichen Vordringens der deutschen Truppen, der großen opferfreudigen Begeisterung der Daheimgebliebenen! Jedem der jungen Kinder, die da für das Vaterland schafften, gruben sie sich unauslöschlich für das ganze Leben in die Seele.«

Viele Menschen wurden von Haus und Hof vertrieben und mussten vor den sengenden, plündernden und mordenden Kosaken flüchten. Denen konnte Hindenburg allein nicht helfen, da mussten andere einspringen. Tage schwerer Arbeit bei den Hilfstruppen, und auch Else Ury war mit Eifer dabei. Sie half denen, die, im Viehwagen zusammengepfercht, am Bahnhof Zoo ankamen. Trauernde, denen liebe Angehörige von den Kosaken erstochen und verschleppt worden waren, mussten getröstet werden, Eltern, die nach ihren Kindern jammerten, weinende Kinder, die elternlos umherirrten. Wahrscheinlich schreibt Else Ury aus eigener Erfahrung, wenn es in *Nesthäkchen und der Weltkrieg* heißt: »Sie empfand es als Glück, die bittere Not wirksam mit steuern zu helfen. Die Arbeit gab ihr ein Frohgefühl, eine innere Befriedigung, wie man sie nur hat, wenn man hilfreich gegen andere gewesen ist unter Hintansetzen seiner eigenen Person.« Am Sedanstag, dem 2. September, fuhr die Familie zur Straße Unter den Linden, um an der erhebenden Feier zur Erinnerung an den großen Tag, »der einst Deutschlands Ruhm begründete«, teilzunehmen. Ein wahres Fahnenmeer schmückte die jubelnde Menge. Es wurden die ersten eroberten Geschütze eingeholt, und alle einte sie der gleiche Gedanke, so schreibt Else Ury: »Ruhm und Sieg, wie sie der heutige Tag einst besiegelte, möge auch die Zukunft dem teuren Vaterland bringen.« Besonders schätzte sie die neue Volksgemeinschaft, dieses enge Band zwischen Arm und Reich, das sich allmählich entwickelte und das der Kaiser mit seiner Schlossrede so nachhaltig unterstützt hatte. Auch wenn der Krieg länger dauerte als gehofft, auch wenn die Unbequemlichkeiten des Alltags zunahmen, Else Ury vertraute weiter auf die weise Führung des Kaisers und ein siegreiches Ende des Krieges. Diese Hoffnung teilte sie mit Millionen Deutschen.

Doch zunächst wurden von Monat zu Monat die Lebensverhältnisse schlechter. »Der Aushungerungsplan Englands durch die Absperrung der Lebensmittelzufuhr begann allmählich in Deutschland spürbar zu werden. Die Lebensmittel, besonders die Fette, wurden knapp. Aber die Engländer durften ihren schändlichen Plan, Deutschland durch Aushungerung zu einem schmählichen Frieden zu zwingen, nicht verwirklichen. Wie draußen an der Front die Männer, so standen Daheim die Frauen und Kinder tapfer und opferfreudig im Kampf gegen jederlei Entbehrungen, alle von demselben Willen beseelt: Wir müssen siegen. Selbst wenn statt der zwei fleischlosen Tage in der Woche sieben eingeführt werden sollten.« So begrüßte Else Ury die Einführung der Lebensmittelmarken und allen, die die Welt nicht mehr verstanden, erklärte sie, dass dank der glänzenden Einteilung und der sparsamen Fürsorge der Regierung mit den Vorräten weise hausgehalten werde und Deutschland auf Jahre hinaus wohl versorgt sei. Wahrscheinlich verwaltete sie selbst zu Hause die Lebensmittelmarken für Brot, Mehl, Zucker, Kartoffeln, Milch und Fleisch und scheute sich auch nicht, wöchentlich stundenlang für ein Päckchen Butter anzustehen. ›Butterpolonaise‹ nannten die Berliner diese Aktion. Da standen die Leute aufgestellt, oft von einer Straßenecke bis zur anderen, viele Stunden für ein Viertelpfund Butter an, oder, wenn es hoch kam, für ein halbes Pfund. Aber manchmal, so erinnert sie sich, geschah es auch, dass die Butter, nachdem man weiß Gott wie lange gestanden hatte und bei der Winterkälte fast erstarrte, ausverkauft war.

Doch der Wille der nun 38-jährigen Else Ury zum Durchhalten erlahmte nicht, bei ihr nicht und, wie sie hoffte, im deutschen Volk auch nicht. Von den politischen Meldungen über Hungerunruhen und Streiks wird sie gehört haben. In den Zeitungen durfte darüber nicht berichtet werden, aber im Zentrum Berlins blieb es nicht aus, dass man mancherlei wusste, was nicht in der Presse stand. Aber mit Streiks und Unruhen mochte sie nichts zu tun haben. Sie wollte das neue, kameradschaftliche Band von Arm und Reich fest zusammenfügen und war froh, dass auch die Jugend durch den Krieg in diesem Sinne erzogen wurde. Schon bald würde sie von den Abenteuern und Mühen des Weltkriegs aus der Sicht des Mädchens schreiben, das ihr jetzt schon ans Herz gewachsen war: Annemarie Braun, das Nesthäkchen. Viele Szenen hatte der Alltag bereits gestaltet. Sie mussten nur noch zu Papier gebracht werden. Da war zum Beispiel die erste Erfahrung mit der Umstellung auf die Sommerzeit in Deutschland. Pünktlich zum 1. Mai 1916 wurden die Uhren um eine Stunde vorgestellt. »Dadurch sparte man des Abends Beleuchtung, vielmehr das Material dazu, wie Kupferdraht, Kohlen und Petroleum. Es hieß jetzt während des Krieges mit allem haushalten.«

Die bibliografische Forschung geht heute davon aus, dass *Nesthäkchen und der Weltkrieg* schon Ende 1916, spätestens Anfang 1917 erschien, also zu einem Zeitpunkt, als die Hoffnung der meisten Deutschen noch ganz auf den Sieg Deutschlands orientiert war. So schrieb sie am Ende des Buches: »Mögen es bald die Friedensglocken sein, die Deutschland durchjubeln – das walte Gott. Mit diesem Wunsche nehme ich Abschied von Euch, meine lieben jungen Leserinnen. Auch mancher von Euch hat der Weltkrieg wohl, gleich unserem Nesthäkchen, Opfer auferlegt, kleine und größere. Aber ich bin davon durchdrungen, dass auch Ihr sie freudig fürs Vaterland auf Euch genommen habt. Wenn das schwere Ringen zu Ende und ein siegreicher Frieden unserer teuren Heimat beschieden ist, dann erzähle ich Euch, was aus Doktors Nesthäkchen wurde.«

Mit ihrer Kriegsbegeisterung befand sich Else Ury 1914 in guter Gesellschaft. Da sind die 92 Berliner Professoren, Künstler und Wissenschaftler, die im August 1914 einen Aufruf ›an die Kulturwelt‹ erlassen. Sie nennen darin den Kaiser den Schirmherrn des Friedens und verkünden, dass nur ein siegreicher Frieden den Weiterbestand der deutschen Kultur gewährleisten werde. Die Unterschriftenliste liest sich wie eine Ehrenliste der deutschen Intelligenz: Gerhart Hauptmann, Max Planck, Wilhelm Röntgen, Max Liebermann, Max Klinger und viele andere ehrenwerte Herren unterschreiben. Hauptmann und Dehmel reimen öffentlich Lieder auf den Heldentod an der Front. Die sozialdemokratischen Zeitungen jubeln, dass der Krieg Arm und Reich zusammenschmiede und man Sozialismus sehe, wohin man nur blicke. Gertrud Bäumer, Helene Lange, Bertha Pappenheim, Alice Salomon, Marie-Luise Lüders, um die Angesehensten unter den öffentlich wirkenden Frauen zu nennen, rufen den ›Nationalen Frauendienst‹ als gewaltige Kriegsorganisation aus, die alle Frauen, unabhängig von Partei und Konfession, umfassen soll. Die jubelnden Menschen begleiten die lachenden Soldaten mit Blumen an die Züge zum Kriegseinsatz. Wir kennen diese Bilder. Else Ury wird das alles unmittelbar miterlebt haben. Auch im engsten Familienkreis. Die Rede des Kaisers vor dem Schloss und später im Reichstag hatte viele Menschen begeistert. Der schlichten Menschlichkeit von Else Ury werden diese Worte zugesagt haben. Sie hat – wie viele andere auch – den unmenschlichen imperialistischen Zweck und die dahinter liegenden Absichten der Unterdrückung jeder Opposition nicht durchschaut. 1914 nicht und später auch nicht.

In der Ausgabe von *Nesthäkchen und der Weltkrieg* von 1928 wird vermerkt, dass bereits 160 000 Exemplare gedruckt sind, und Meidinger's Jugendschriftverlag schreibt zehn Jahre nach Kriegsende in seiner Verlagswerbung: »Nesthäkchen und der Weltkrieg ist beileibe keine Kriegs- oder gar Hurrageschichte. Das muss besonders hervorgehoben werden. Trotz des Ernstes, mit dem dieser Band durchwebt ist, zieht sich der goldene Faden des Humors hindurch.«

Nesthäkchen, die Arzttochter Annemarie Braun aus dem Berliner Westen, ist zur Zeit des Weltkriegs zehn Jahre alt und kehrt nach einem einjährigen Kinderheimaufenthalt unter großen Schwierigkeiten nach Hause zurück. Doch dort findet sie nicht die langersehnte Familie vor. Die Mutter ist zu einem

Besuch in England und kann wegen der Kriegsereignisse nicht zurückkehren, der Vater ist als Militärarzt in Frankreich. Die Großmutter betreut die drei Kinder, später springt auch noch das Fräulein ein, das den mutterlosen Haushalt nicht im Stich lassen will. Nesthäkchen erlebt mit ihrer Großmutter die Siegesbegeisterung über den Fall der Festung Lüttich und abends betet sie in ihrem Bett ein eher ungewöhnliches Gebet: »Lieber Gott, lass doch meine liebe Mutti bald wieder nach Berlin kommen, aber nicht die ollen Russen. Und beschütze doch auch meinen Vater im Krieg. Und auch Onkel Hinrich und all die anderen Soldaten. Und schick uns doch wieder solch einen feinen Sieg wie heute, ja? (…) Bitte, hilf uns Deutschen doch, lieber Gott.‹ Da aber fiel Nesthäkchen plötzlich ein, dass vielleicht zur gleichen Stunde französische oder englische Kinder den lieben Gott ebenfalls um seine Hilfe anflehten. Darum setzte es schnell hinzu: ›Und wenn Du uns nicht helfen willst, dann hilf bitte den anderen auch nicht – bleibe wenigstens neutral.‹«

Solche Neutralitätsgebete sind 1914 weder in den Kirchen noch in den Synagogen Berlins gesprochen worden. Auch andere leise und nachdenkliche Töne gibt es in diesem Buch. Mit Humor und Distanz schildert Else Ury exzentrische Beispiele von Patriotismus, die ihr offensichtlich über die Hutschnur gehen, wie die Berliner das ausdrücken. Da wohnt im Haus von Nesthäkchen ein Mann, den alle den Japaner nennen. Als Japan in den Krieg gegen Deutschland eintritt, beschließt das Mädchen, diese Treulosigkeit zu rächen. Sie grüßt den Nachbarn nicht mehr und spuckt sogar auf die Schokolade, die der Mann ihr schenkt. »Von Feinden nehme ich nichts geschenkt«, sagt das Mädchen in seinem Übereifer. Der angebliche Japaner ist aber in Wirklichkeit aus Thailand, und Nesthäkchens patriotische Tat wird zur lächerlichen Entgleisung. Noch viele Beispiele absurder ›Vaterlandsliebe‹ gibt es. Bruder Klaus hat die ›Spionenkrankheit‹. Er schwärzt einen ihm fremdländisch erscheinenden Mann bei der Polizei an und bekommt zum Dank keine patriotische Auszeichnung, sondern eine Ohrfeige. Bei vielen Deutschen wucherte damals die Angst vor Spionage und Ausländerhass. Wollte Else Ury solche Verwirrungen mit Witz ad absurdum führen? Ebenso klar stellt sie sich gegen die Auffassung, als Deutscher solle man keine Fremdsprache mehr lernen. Nesthäkchen hatte sich heftig geweigert, weiter französisch zu lernen. Dazu sei sie überhaupt viel zu vaterlandsliebend, erklärt sie. Der Lehrer ist anderer Meinung: Deutschland verlangt eine gebildete Jugend. Der Krieg wird hoffentlich nicht lange währen, und im Frieden werden wieder Geistes- und Handelsbeziehungen zwischen den verschiedenen Völkern geknüpft. Eine Hoffnung, die in den Kriegsjahren nicht das Thema öffentlicher Reden war. Besonders aber die patriotische Aktivität, dem Fremdwörtergebrauch Einhalt zu gebieten, verfolgt Else Ury mit Hohn und Spott. Da wird aus Serviette Mundtuch, ein guter Deutscher sagt nicht Sauce, sondern Tunke, Portemonnaie muss Geldtasche heißen, aus Extrablatt wird Sonderblatt. Die Vase soll Blumengefäß und die Jalousie Zeltdach genannt werden. Amüsant stellt Else Ury den Übereifer der Kinder dar, neue, ganz deutsche Worte für alle Gegenstände zu finden, wohlwissend, dass täglich eine ernst gemeinte Rubrik der Tageszeitung solche Art Beispiele veröffentlicht. ›Deutsche, sprecht Deutsch‹ heißt die Spalte sinnigerweise. Else Ury benutzt jedoch ungerührt weiter die ihr passend erscheinenden Wörter und verfremdet so den patriotischen Übereifer ins Lachhafte.

Einen großen Raum in dem Buch nimmt die Geschichte der Vera ein. Vera Burkhard ist eine Deutsch-Polin und spricht, als sie in Nesthäkchens Schulklasse kommt, kaum ein Wort deutsch. Zu ihrem Unglück gibt Annemarie die Parole aus: »Wer mit Vera Burkhard in den Pausen geht oder überhaupt mit ihr spricht, verrät sein Vaterland!« Nesthäkchen quält das Mädchen mit der ganzen Macht ihrer privilegierten Stellung, und keine der Klassenkameradinnen wagt, offen dagegen anzutreten. Jedes Kind will so patriotisch wie möglich sein. Die arme Vera kommt sich ganz verlassen unter den fremden Kindern vor. Wenn die anderen Schülerinnen zusammen kichern und lachen, wenn sie innig umschlungen oder zur langen Reihe eingehakt auf dem Schulhof auf- und abspazieren, dann steht sie mit sehnsüchtigen Augen allein in einer Ecke. Keines von all den vielen Mädchen geht mit ihr, keines fordert sie auf, an den lustigen Spielen im Hof teilzunehmen. Vera ringt darum, anerkannt zu werden, versucht es mit Geschenken an die Wortführerin Annemarie Braun, doch blitzt erbarmungslos ab. Sogar ein herrlicher Apfel wird verschmäht. »Von Dir nehme ich nichts geschenkt«, ist die grausame Antwort. Alle Hilfsangebote der ›Polnischen‹ bringen Doktors Nesthäkchen nicht von ihrem Kurs ab: »Wer mit der spricht, verrät das Vaterland«. Kurz vor Weihnachten sammeln die Kinder für das nahe gelegene Lazarett. Annemarie Braun hat das als Mitglied des Junghelferinnenbundes in die Hand genommen. Als Vera ihren Beitrag bezahlen will, wird ihr entgegengeschleudert: »›Nur deutsche Mädchen dürfen Mitglied sein!‹ (...) Vera waren die Tränen in die Augen geschossen – still wandte sie sich ab.« Soviel das arme Mädchen auch überlegt und grübelt, sie versteht nicht, warum sie als Einzige nicht zum Junghelferinnenbund gehören soll. Schließlich stirbt der Vater für Deutschland an der Front den ›Heldentod‹. Erst da ändert Nesthäkchen ihr Verhalten, und Vera wird ihre beste Freundin. Ein hoher Preis für eine Freundschaft mit der Arzttochter, aber eine Freundschaft, die durch alle weiteren Nesthäkchen-Erzählungen hindurch Bestand haben wird.

Die ausführliche Beschäftigung mit Vera, einer Außenseiterin, scheint aus eigener, bitterer Erfahrung zu rühren, aus tiefen Schichten sonst verdrängter Verletzungen. Wahrscheinlich hatte auch Else Ury als Kind Zurückweisungen erfahren, den ›Verlust der Harmlosigkeit‹ als jüdische Schülerin erleben müssen und nicht verstanden, was die Ursache der beharrlichen und bösartigen Ablehnung ihr gegenüber war.

Realistisch schildert Else Ury auch, welche große Bedeutung den Frauen an der ›Heimatfront‹ zukam. Sofort nach Kriegsausbruch hatten die deutschen Frauenverbände den Nationalen Frauendienst gegründet. Er verstand sich als konkrete Verbindung zwischen staatlicher Politik und Frauenalltag. In der deutschen Frauenbewegung gab es faktisch bis 1917 keine Opposition zu dieser grundsätzlichen Ausrichtung. Es wurden

Betätigungsfelder für Frauen entwickelt, von denen sowohl die sozialdemokratischen als auch die christlichen und jüdischen Verbände vorher nur geträumt hatten. ›Staatssozialismus mit weiblichem Antlitz‹ nannten manche Propagandistinnen die organisierte Einbeziehung der Frauen in die Kriegsmaschinerie. Gertrud Bäumer und Helene Lange priesen den Krieg als Geburtsstunde der staatlichen Wohlfahrtspflege in Deutschland. Fürsorge sollte nicht mehr länger eine veredelnde Tat durch Damen der Oberschicht sein; sie wurde in diesen Jahren systematisch professionalisiert. Der Beruf der Fürsorgerin mit einem Ausbildungsgang an staatlichen Schulen hat hier seine Wurzeln. Diese Entwicklung hatte die volle Billigung von Else Ury. Typischerweise besuchen zwei Enkelinnen von Nesthäkchen später eine Fürsorgerinnenschule. Else Ury war offensichtlich begeistert von der sozialen Aktivität der Frauen im Krieg und nahm daran aktiv Anteil.

In der Erzählung vom Nesthäkchen im Weltkrieg spielt deshalb auch der Junghelferinnenbund eine wichtige Rolle. Hier wurde den jungen Mädchen vom Strümpfe stricken bis zum Betreuen von Verletzten ein weites Betätigungsfeld im Rahmen der Kriegsfürsorge eröffnet, was in den Geschichten des Nesthäkchen-Bandes manchmal auch groteske Züge annimmt. Der Bruder von Annemarie bringt eines Tages ein elternloses Baby aus Ostpreußen mit nach Hause. Selbstverständlich ist Nesthäkchen begeistert von der lebendigen Puppe und will sie sofort auf den Namen Hindenburg taufen. Woher das Kind eigentlich stammt, ob es ein Mädchen oder ein Junge ist, wird nicht klar. Wie es in der Mädchenliteratur üblich war, schweigt die sonst so anschaulich Kinderreaktionen und Kinderneugier beobachtende Else Ury sich darüber aus. Das elternlose Baby führt zu allerlei Komplikationen in der Familie und wird schließlich standesgemäß bei der Portiersfrau untergebracht. Die Großmutter bezahlt ein Pflegegeld. Und damit nicht genug. Der Junghelferinnenbund tritt in Aktion, und das ostpreußische Baby wird als Patenkind mit aller Fürsorge bedacht. Ähnliche Patenschaften an der Schule entstehen. Der Arbeit ist genau die Richtung gegeben, die in der Wirklichkeit des *Nationalen Frauendienstes* einschlug. Lehrerinnen spielten darin eine wichtige Rolle. So vermittelt Else Ury ihren Leserinnen ein Bild des Kriegsalltags, das starke Elemente von Wirklichkeitsnähe hat. Not und Elend werden nicht verschwiegen; sie werden geschildert, um der Hilfsbereitschaft ein Ziel zu geben und die harmonische Arbeitsteilung zwischen Mann und Frau im Krieg anschaulich zu machen: Er tut seine Pflicht an der Kriegsfront, sie die ihre an der Heimatfront. Die heile Welt des Nesthäkchens hat in der Kriegszeit einige Kratzer abbekommen. Mit Humor und guten Taten kann die Oberfläche wieder glatt geschliffen werden.

Auch ›gegen den Strich gelesen‹ wird daher aus Else Urys Buch kein Antikriegsbuch, aber man kann deutlich sehen, dass sie sich als ein Teil der bürgerlichen Frauenbewegung versteht und den jungen Leserinnen dieses Gedankengut näher bringen will. Die Nesthäkchen-Welt wurde durch den Weltkrieg nicht aus den Angeln gehoben. Der Vater kommt unversehrt nach Hause, die Mutter darf endlich aus England ausreisen. Was hat Nesthäkchen, was haben ihre Leserinnen gelernt? Vielleicht dieses: Dass der Krieg auch an den Kindern nicht spurlos vorbeigeht und sie die Not des Alltags mit Humor und Pflichtgefühl bewältigen können. In diesem Sinne schreibt Else Ury weiter und setzt ihren Weg als Erfolgsschriftstellerin fort.

Aus der Erfahrungswelt des Ersten Weltkriegs schrieb Else Ury noch weitere patriotisch gestimmte Bücher. *Flüchtlingskinder,* ›eine Erzählung für Kinder von sieben bis elf Jahren‹. Zwei ostpreußische Kinder verlieren in den Kriegswirren ihre Eltern und müssen getrennt in fremden Familien die Kriegszeit durchleben. Der kleine Junge knetet im Kriegskinderhort selbstverständlich ›unseren Kaiser‹ und das Mädchen erzählt freudestrahlend, dass Hindenburg die ganze Ostmark schützt. Der Junge wird noch ein richtiger Held. Er belauscht russische Kriegsgefangene und erfährt dabei von einer Sabotageaktion an einem deutschen Militärtransport. Hans, so heißt der Junge mal wieder, läuft todesmutig dem gefährdeten Zug entgegen und rettet die deutschen Soldaten. Seine Heldentat verbreitet sich in ganz Deutschland und die nach Sibirien verschleppte Mutter erfährt auf der Flucht von ihrem tapferen Sohn. Dank der großzügigen Hilfe des Prinzen bekommt die Familie Haus und Hof zurück und ist wieder glücklich vereint. Über das Schicksal der russischen Kriegsgefangenen erfahren die siebenjährigen Kinder nichts.

Lieb Heimatland hieß der Kriegsroman, der 1916 im *Kränzchen* als Fortsetzungsgeschichte abgedruckt wurde. Eine Geschichte über Familienglück und Familienleid bei der Vertreibung aus der geliebten Heimat Ostpreußen. Auch hier: Kriegsbegeisterung, kaisertreue, naive Parteilichkeit für die armen Menschen in Ostpreußen und gegen die ›Kosakenhorden‹. Wieder ist es Hindenburg, der der jungen Heldin Ruth Hoffnung macht, bald in ihre angestammte Heimat zurückzukehren. Wieder ist Recht und Wahrheit auf der Seite der deutschen Soldaten und die Hoffnung Else Urys, die sie den jungen Leserinnen vermittelt, ist ganz auf nationalem Kurs: Größer und herrlicher wird Deutschland aus diesem Krieg hervorgehen! 1919 kam *Lieb Heimatland* beim Union Verlag auf den Markt. Am Schluss der Ausgabe heißt es: »Auf einen ehrenvollen Frieden – auf das Blühen und Gedeihen in unseren deutschen Landen im neuen Jahr. Heil und Sieg! Auf dem Marktplatz der zerschossenen Stadt Lyck sprach Seine Majestät der deutsche Kaiser inmitten seiner siegesjubelnden Truppen die Worte: ›Bar aller Menschlichkeit hat der Feind in dem blühenden Ostpreußen gehaust. Doch ich weiß mich eins mit dem ganzen deutschen Volke, dass alles neu erstehen soll. Neues Leben blüh aus den Ruinen!‹ und jauchzend brauste es durch die alte Masurenstadt: ›Heil dir im Siegerkranz!‹«

Im November 1918 vollzog sich eine historische Wende in Berlin und im ganzen Reich: Die Entwicklung von der Militärdiktatur Hindenburgs unter dem kaiserlichen Mantel Wilhelm II. zur ersten bürgerlichen Republik. Eine Revolution fand statt, und die jüdischen und christlichen Bürgerfamilien betrachteten die Ereignisse mit Sorge. Sie zählten die heimkehrenden Familienväter und Söhne, fragten nicht weiter nach, standen geduldig Schlange beim Lebensmitteleinkauf und warteten erst einmal ab, welche politische Entwicklung die Zukunft bringen würde: Demokratie, Republik, Sozialismus, Kapitalismus? Phillip Scheidemann rief die Republik aus und Friedrich Ebert wurde Reichspräsident. Er war ein verständiger Mann. Das war gut, um die Arbeiterschaft zu beruhigen und endlich die Wirtschaft wieder anzukurbeln. Das tat not, nicht Revolution und Straßenkämpfe. Aus Weimar, der Goethestadt, hörte man vom Wahlrecht für Frauen. Die Frauen hatten im Kriegsalltag ›ihren Mann‹ gestanden, also sollten sie gleiche Rechte bekommen. So oder so war erst mal Frieden, wenn auch ein schmerzlicher. Keiner, wie man ihn sich gewünscht hatte.

Dolchstoß? Schandfrieden von Versailles? Diktat der Siegermächte! – Schlagworte. Diese hektische Phase deutscher Geschichte bestimmten eine kurze Zeit die einfachen Soldaten, die sich für ein anderes Deutschland die Kehlen heiser schrien und die Köpfe blutig schlugen. Zum ersten Mal in der Geschichte des deutschen Reiches übernahm die Sozialdemokratie die Regierungsmacht. Doch die Siegermächte erklärten Deutschland zum Alleinschuldigen des Weltbrands und es drohte aus der Nachkriegszeit schon wieder eine Vorkriegszeit zu werden. Rosa Luxemburg und Karl Liebknecht wurden ermordet und fern am Horizont der Geschichte tauchte schon der Gefreite Adolf Hitler auf, der im Lazarett Rache schwor und Treitschkes Dogma von den Juden, die das Unglück Deutschlands sind, zur Maxime seiner Vernichtungsphantasien machte.

Der wieder gemächlich gewordene private Alltag und die rasanten Veränderungen in der Welt waren schwer zusammenzubringen. Else Ury tat das auf ihre Art. Sie lebte im Familienkreis, genoss die schönen Stunden des Beisammenseins, die Wiederkehr der alten Gemütlichkeit. Vor allem freute sie sich mit ihrer Schwester Käthe über die Geburt eines gesunden Jungen. Er war im Januar 1918 zur Welt gekommen. Klaus hieß er und würde Elses besonderer Liebling werden. Dann traf die Familie ganz persönliches Leid. Der Vater, Emil Ury, starb im Januar 1920 mit fast 85 Jahren. Sehr bald nach dem Tod ihres Mannes bekam Franziska Ury einen Schlaganfall und litt unter einer schweren Arthritis, sodass sie ihren Sessel kaum noch verlassen konnte. Sein Tod nahm ihr zeitweise jeden Lebensmut. Auch Else vermisste ihren Vater sehr, hatte sie doch ein sehr inniges Verhältnis zu ihm gehabt. Das herzliche Lachen und die humorigen Geschichten von Emil Ury fehlten allen. Keiner mehr, der am Freitagabend zum Shabbesmahl die Gebete sprach, keiner mehr, den man zur Synagoge Heidereutergasse begleiten konnte. Ein Stück Tradition der Familie war für immer verloren gegangen. Es war kälter und leiser geworden im Hause Ury.

Die Bestseller-Autorin
(1918–1933)

Mit den ersten Bänden vom Nesthäkchen, die ab 1913 erschienen, begann die Karriere einer Kinderbuchserie. Die Auflagen schnellten in die Höhe. Zügig wurden die Fortsetzungen veröffentlicht. Bis 1925 waren die berühmten zehn Bände der Nesthäkchen-Serie fertig.

Anfangs schrieb Else Ury noch alles säuberlich mit der Hand. Jeder Band hatte ungefähr 200 Druckseiten, manche auch mehr. Für diese gewaltige Schreibarbeit werden nicht mehr nur die Pausen zwischen der Hausarbeit ausgereicht haben. Die Lektoren übergaben die Manuskripte nach flüchtiger Durchsicht an die Setzer. Auf das Fräulein Ury war Verlass. Die deutsche Orthographie beherrschte sie hervorragend und die literarisch erfahrene Mutter las Korrektur. Da stimmte jedes Komma und jeder Anführungsstrich. Auch ihre Vorkriegsbücher erlebten immer neue Auflagen. Ihr Talent war unerschöpflich.

Annemarie Braun, die goldblonde Heldin der Nesthäkchen-Bücher, war bei den Mädchen sofort beliebt. Als Else Ury mit der Hochzeit des Nesthäkchens die Serie beenden wollte, türmten sich die Protestbriefe der kleinen und großen Leserinnen auf ihrem Schreibtisch. Gegenüber dem bittenden Verleger verwies Else Ury auf andere Backfischromane. Auch die endeten regelmäßig mit der Hochzeit der Heldin. Was sollte einer Frau danach noch widerfahren? Welche Abenteuer sollte es noch geben? Da hörte doch schließlich alles auf. »Schreiben Sie, Fräulein Ury, schreiben Sie weiter. Erzählen Sie meinetwegen die Geschichte der Kinder und Kindeskinder. Tun Sie es Ihren kindlichen Verehrerinnen zuliebe.« Und Else Ury schrieb weiter. Bis Nesthäkchen weiße Haare hatte und vielfache Großmutter war. Nur den Tod, den musste sich jeder selber denken.

Mit Annemarie Braun, Arzttochter aus Berlin, entstand eine Identifikationsfigur für viele Mädchengenerationen des

Bürgertums. Direkt wandte sich Else Ury an ihre Leserinnen: »Habt Ihr schon mal unser Nesthäkchen gesehen? Es heißt Annemarie, ein lustiges Stubsnäschen hat unser Nesthäkchen und zwei winzige Blondzöpfchen mit großen, hellblauen Schleifen. ›Rattenschwänze‹ nennt Bruder Hans Annemaries Zöpfe, aber die Kleine ist ungeheuer stolz auf sie. Manchmal trägt Nesthäkchen auch rosa Haarschleifen und die Rattenschwänzchen als niedliche kleine Schneckchen über jedes Ohr gesteckt. Doch das kann es nicht leiden, denn die alten Haarnadeln pieken. Sechs Jahre ist Annemarie vor kurzem geworden, ihre beiden Beinchen stecken in Wadenstrümpfen und hopsen meistens. Keinen Augenblick stehen sie still, geradeso wie ihr kirschrotes Mäulchen. Das schwatzt und fragt den ganzen lieben Tag, das lacht und singt, und nur ganz selten mal verzieht es sich zum Weinen.« Mit diesen Worten lud sie die Mädchen zum Lesen ein. Bis heute, zuletzt durch die Fernsehserie bekräftigt, ist Nesthäkchen bei unzähligen Frauen bekannt und beliebt. Großmütter und Enkelinnen sahen sich die Fernsehserie gemeinsam an, und in der Statistik der bekanntesten Mädchenbücher steht Nesthäkchen immer noch ganz oben. Fast sieben Millionen beträgt die Gesamtauflage inzwischen.

Annemarie Braun muss ungefähr 1904 geboren sein. So ganz genau nimmt Else Ury es nie mit den Daten. Als Nesthäkchen weiße Haare hat und vielfache Großmutter ist, schreiben wir erst das Jahr 1925. Sie lebt, wie die Urys, im Berliner Westen, hat zwei ältere Brüder und ein Fräulein, das sie die ganze Kindheit hindurch begleitet. Ihre Puppen hat sie nach Vater und Mutter am liebsten. Die zahlreiche Puppenfamilie wird im ersten Band der Serie lebendig, fordert die volle ›mütterliche‹ Aufmerksamkeit des kleinen Mädchens, und jedes verkörpert eine andere positive oder negative Eigenschaft des Kindes. Unordnung, Raufen, die Kleidung zerreißen, beleidigt sein, streiten und zanken in der Negativliste, Ordnung, Sauberkeit, Gehorsam und Bescheidenheit bei den erstrebenswerten Tugenden. Schon frühere Kinderbücher des 19. Jahrhunderts hielten den kleinen Leserinnen mit den ›Puppen‹ einen

Spiegel vor, der sie belehren und zu guten Taten motivieren sollte. Ihnen kommt es außerdem zu, soziale Verhaltensweisen der Erwachsenenwelt einzuüben. Als Nesthäkchen über eine neue Puppe die alten Puppen vernachlässigt, mahnt die Mutter sie, doch daran zu denken, dass sie selbst die beiden Brüder nicht vernachlässigt hat, als Nesthäkchen geboren wurde. Diese Gleichsetzung von Puppen- und wirklicher Mutter leuchtet dem Kind unmittelbar ein und bewirkt eine positive Verhaltensänderung. Wie es damals üblich war, gab es in der Puppenschar auch ein ›Negerkind‹, die schwarze Lollo, von der es heißt, sie »muss wohl die Unsauberkeit und Unordentlichkeit aus ihrer Heimat Afrika mitgebracht haben.« Solche politisch unkorrekten Charakterisierungen werden nicht in alle späteren Ausgaben der Bücher übernommen. In den Fünfzigerjahren hat der Hoch Verlag damit keine Probleme und übernimmt den ursprünglichen Text. In den Siebzigern ist das anders. Da heißt es stattdessen: »Lollo, das Negerkind, ist manchmal schrecklich unordentlich. Bald verliert sie einen Schuh, bald einen Strumpf.« Nichts mehr von der Unordnung in Afrika. Ein bisschen viel ›political correctness‹, kommentiert Klaus Heymann lächelnd in London.

Das ganze sechste Lebensjahr wird von der Puppenwelt bestimmt. Als das erste Schuljahr beginnt, geraten die Puppen ins Abseits. Auch hier eine klar gegliederte Welt. Die Nesthäkchen-Mutter leitet den großen Haushalt mit Köchin, Stubenmädchen und Kinderfräulein. Sie ist Neuerungen aufgeschlossen, begrüßt die Einrichtung von Kindergärten und öffentlichen Schulen für Mädchen, ist liberal und verständnisvoll. Vor allem ist sie nicht die kaisertümelnde Dame, die sich die Serienmacher des ZDF als Mutterfigur ausgedacht haben. Else Urys Mütter sind gebildete, aufgeschlossene und erstaunlich selbstbewusste Frauen.

Wer sich als Erwachsene mit den literarischen Frauenfiguren der Ury-Bücher befasst, wird feststellen, dass ihre Dominanz in der Familie, ihre Bildung und ihr Selbstbewusstsein im deutschen Kinderbuch eine Besonderheit darstellen. Andere Kinderbücher der Zeit gestalten die Frauen meist als Hausmütterchen, wie Thekla von Gumpert oder Magda Trott, oder es sind von Migräne geplagte, gelangweilte Damen der Oberschicht wie Emmy von Rohdens Trotzkopf-Mutter und auch die Mutter in *Pünktchen und Anton* bei Erich Kästner.

Gebildete Bürgersfrauen, die bei der Erziehung der Kinder und der Entwicklung der Familie im Zentrum stehen, findet man vor allem bei Else Ury. Deutlich spiegelt sich hier die jüdische Tradition wider. In jüdischen Bürgerfamilien waren die Frauen im Gegensatz zu ihren christlichen Schwestern sehr viel selbstbewusster und einflussreicher. Die amerikanisch-jüdische Historikerin Marion Kaplan beschreibt die großstädtischen jüdischen Frauen als Pionierinnen einer bürgerlichen Frauenkultur. »Seit den 1890er Jahren fanden bürgerliche Frauen in den Städten zunehmend Gelegenheit, sich in den neu entstehenden und expandierenden kulturellen und sozialen Aktivitäten zu engagieren. (...) Jüdische Frauen fanden als Großstädterinnen (...) mehr als andere Frauen Gelegenheit, die Früchte urbanen Lebens zu genießen. (...) Jüdische Frauen organisierten ›Damenabende‹, kleine Salons und Vortragsabende für Frauen. (...) Vor allem ihre Beziehungen zu anderen Frauen, die schon früh im Leben geknüpft wurden, bewiesen, dass die Frau nicht einfach nur der verlängerte Arm ihres Ehemanns oder ihrer Familie war, obgleich sie auch diese Funktion erfüllte, sondern über eine eigene Identität verfügte.« Nesthäkchens Mutter entspricht ganz diesem Frauentyp. Sie ist das dominierende Zentrum der Familie.

Das Nesthäkchen Annemarie, das von den Eltern zärtlich ›Lotte‹ genannt wird, lebt wie viele andere höhere Töchter ihrer Zeit. Else Ury gibt ihr aber eine gute Portion Kessheit, Witz und Eigensinn, lässt sie mit Phantasie und Charme die geforderten Tugenden missachten und ihre kleinen Sehnsüchte ausleben: Hosen anziehen, wie ein Junge sein, die Welt erforschen, im Regen herumlaufen, weil der neue Regenmantel so schön ist, mit dem Milchjungen am Urlaubsort vor Tagesanbruch Kannen ausfahren, den größten Mohrenkopf vom Kuchenteller stibitzen und auf der für kleine Mädchen verbotenen Straße eben mal den Musikanten um ein paar Häuserecken begleiten und am Kindergeburtstag alles und alle bestimmen. Als Backfisch lernt Annemarie fleißig auf dem Gymnasium, feiert mit Pfannkuchen im Kreis der Kränzchenfreundinnen ihren Geburtstag und bekommt die erste Gesamtausgabe von Gerhart Hauptmanns Werken geschenkt. Sie schippt im härtesten Winter der Inflationsjahre im Klassenverband Schnee, und der Konditor lädt die fleißigen Mädchen zu Kakao und Kuchen ein, was ihnen einen schweren Tadel der stets schlecht gelaunten Klassenlehrerin beschert. Nach dieser ungerechten Ermahnung wird Annemarie aktiv und will einen Schülerrat gründen, was aber kläglich am Einwand des strengen Schulleiters scheitert. Widerspiegelung der Rätebewegung im Klassenzimmer? Die Geschichte ist amüsant und vervollständigt das Bild des ungebärdigen Wildfangs, der mit Charme die Probleme des Alltags anpackt und selber keine ernsthaften hat. Aber vor dem Hintergrund der geforderten Bravheit sind die Streiche der Annemarie immer etwas Besonderes. Keine der Freundinnen traut sich so viel wie Annemarie Braun. Sie ist die unumstrittene Wortführerin. Nach dem Abitur darf sie ein Jahr nach Tübingen, um dort ihr Medizinstudium zu beginnen. Vaters Assistentin will sie werden. Auch dort erobert sie die Herzen der Menschen. Sie bleibt, wie sie ist: schlagfertig, schusselig, unordentlich, aufbrausend, schlank und hübsch.

Else Ury erzählt mit viel Zeit- und Lokalkolorit. Inflation und Kohlenknappheit, Generalstreik und Stromsperren, Gerhart Hauptmann und die Meistersinger, die Wandervogelbewegung und die neusten Entdeckungen der medizinischen Wissenschaft. Alle Neuheiten des Lebens haben bei Else Ury einen Platz, sie sind farbige Pinselstriche und bilden den Stoff für heitere Anekdoten in schwerer Zeit. Die Welt ist so, wie sie ist, und Else Ury will sie nicht ändern. Aber vom kleinen, menschlichen Lebensglück versteht sie etwas. Das macht ihre Bücher so beliebt. Viele Mädchen möchten so aufmüpfig und doch so beliebt sein.

Auch die sozialen Verhältnisse sind bei Nesthäkchen noch klar und übersichtlich. Die Köchin ist fleißig und herzensgut, das Stubenmädchen etwas dumm, der Hausmeister wohnt in

der Kellerwohnung und ist ein Grobian. Diese ›kleinen Leute‹ berlinern mit den ihnen eigenen grammatisch fehlerhaf-
ten Wendungen, und Else Ury lässt sie gern zu Wort kommen.
Demgegenüber sprechen die ›Herrschaften‹ einschließlich
Kinderfräulein das typische Mittelstands-Hochdeutsch, oft mit
lateinischen oder französischen Begriffen besonders aus dem
Burschenschaftsjargon gewürzt. Da kommt ›die Fidelitas zu
Wort‹, da entladen sich ›Lachsalven‹, die ›Evastöchter‹ schlagen
die Augen schamhaft nieder, die Herren der Schöpfung bleiben unter sich, beim Abitur regieren die ›Examensfurien‹. Die
Kinder fallen nur selten ins Berlinern. Sie benutzen zwar typische Wendungen (›das ist mir piepe‹ für: das ist mir egal; ›ich
mopse mich so‹ für: ich langweile mich; ›gemaust‹ für: geklaut;
›drollig‹ für witzig, ›schuß sein‹ für sich verkrachen), doch die
schichtenspezifische Wortwahl haben sie früh gelernt. Berlinern ist etwas für Dienstboten. Sprachlich stellen die Bücher
insgesamt eine Fundgrube für vergessene und verloren gegan-
gene Worte dar. So heißt es z.B. in *Nesthäkchens Backfischzeit*
(auch das ein heute ungewohnter Begriff): »Ich werde mal bei
ihr anläuten« für anrufen.

Anders als in vielen Backfischromanen der Zeit, kennt Nesthäkchen auf dem Weg vom Mädchen zur Frau keine Wirrnisse.
Die schwierige Zeit der Pubertät bewältigt die Doktorentoch-
ter mit Bravour. Sie bleibt die Unberührbare und doch reißen
sich alle Tanzstundenjünglinge um sie. Noch zum Abiturball
ist der älteste Bruder ihr beliebtester Tänzer. Wieder heißt er
Hans wie der eigene Lieblingsbruder. Am Studienort ist Annemarie Braun die umschwärmte Studentin, aber die jungen
Studenten blitzen ab, wenn sie zu nahe kommen. Und dann
lernt sie den erfahrenen, reifen Mann, die Vater- bzw. Bruder-
figur kennen. Erst jetzt verändert sie sich. Zärtliche Gedanken
an Dr. Hartenstein, stille Träumereien und schamvoll gesenk-
te Augenlider charakterisieren die neue Phase. Nesthäkchen
wird bald eine Frau werden. Sie ist 19 Jahre alt und zum ersten
Mal ahnt sie innere Konflikte. Wie schon bei Hilde in *Studierte
Mädel* spielen die Naturgewalten dann die Ehe stiftende Rolle.
Hilde wurde von ihrem Zukünftigen aus einer Gletscherspal-

te gerettet, Annemarie ereilt die Rettung durch Dr. Hartenstein in einer Tropfsteinhöhle, als sie in Gefahr gerät, in einem
Höhlensee zu versinken. Nur in extremen Situationen wird
Dornröschen wachgeküsst. Erste zaghafte körperliche Lie-
besbezeugungen werden nur benannt. Wichtiger ist, dass die
Tochter dem Vater versprochen hat, das Studium zu Ende zu
führen und in seine Fußstapfen zu treten. Pflichterfüllung hat
sie schließlich bei ihrem Vater gelernt! Es dauert einige Monate, bis das Mädchen Annemarie sterben darf und die Frau Dr.
Hartenstein zum Leben erweckt wird. In den Semesterferien
arbeitet sie als Famulus unter Aufsicht des heimlich geliebten
Arztes in der Kinderklinik, ärgerte sich über seine ›männliche
Sachlichkeit und Strenge‹ und beweist – wie schon in *Studierte
Mädel* – bei der Pflege kranker Kinder ihre mütterlichen und
somit weiblich-reifen Qualitäten. Ein zweites Unwetter, dies-
mal im Schlosspark Charlottenburg, direkt bei den üppigen
Amorstatuen, und die Ehe ist besiegelt. Naturkatastrophen als
Geburtshelfer bürgerlicher Liebesheirat.

Die brutale politische Realität im Leben Else Urys steht
wie immer im harten Gegensatz dazu. ›Knallt ab den Walther
Rathenau – die gottverdammte Judensau!‹ stand seit Monaten
an den Hauswänden und in den einschlägigen Zeitungen zu
lesen. Am Morgen des 24. Juni 1922 vollführten bezahlte Kil-
ler auf der Königsallee am deutschen Außenminister den Mord.
›Rache für Rapallo‹ schallte es aus der rechten Presse. Nur die
Helfershelfer kamen vor Gericht. Die Mörder und ihre Auftrag-
geber hielten sich wie immer im Hintergrund. Reichskanzler
Wirth sagte im Reichstag: ›Der Feind steht rechts.‹ Das stimmte,
aber diese Erkenntnis war wohlfeil. Mag sein, dass am Abend
des Attentats Else Ury vom Einkauf die Sonderausgabe der
Vossischen Zeitung mit in die Kantstraße brachte. Hans, der die
Welt oft düsterer sah als seine Schwester, war von dem Ereignis
schockiert. Er erwähnte andere politische Attentate und dass
immer Juden die Opfer seien, oder jedenfalls solche, die man
für Juden hielt. Doch seine Schwester wehrte sich heftig gegen
diese Vermutung. Das habe es im Mittelalter gegeben. Pogrome,
Judenverfolgung. Undenkbar im heutigen Deutschland! Hans'

Befürchtungen, dass der Volkszorn wegen des verlorenen Krieges einmal gegen Juden allgemein, gegen jeden, der so aussieht oder so angesehen wird, gerichtet werden könnte, verweist Else ins Land der Albträume. Das sei mal wieder eine typische Fehleinschätzung ihres Bruders. Heutzutage sei das angesichts der Kultur und Bildung in Deutschland völlig unmöglich.

Dann flüchtete man sich wieder in angenehme Gedanken und plante den nächsten Urlaub. Die Erfolgsschriftstellerin Ury konnte mit ihrer Mutter und ihrem Bruder sechs lange Wochen ein Ferienhaus in Krummhübel mieten und eine herrlich ruhige Sommerfrische verleben. Sie wurde von den Verlagen in Goldmark bezahlt und war fein raus. So gut hatte es der Schwager Hugo als Beamter nicht. Er musste täglich kofferweise sein Gehalt abholen, und am nächsten Tag wusste seine Frau Käthe oft nicht, ob sie damit noch Milch und Brot kaufen konnte. In Breslau war der Kampf um das Überleben ähnlich hart wie in Berlin. Wie gut, dass Tante Else versprochen hatte, den kleinen Klaus für die Ferien nach Krummhübel zu holen und aufzufüttern. Der alte Traum vom eigenen Ferienhaus in Krummhübel nahm allmählich Gestalt an. Das Haus, inmitten von Weißdorn und Kleewiesen, von Fliederbüschen und alten Bäumen gelegen, war bisher eine Pension. ›Haus Emden‹ lag so, wie Else Ury es sich gewünscht hatte, direkt an der Brückenberger Chaussee, oberhalb der Lomnitz. Aber die Verkaufsverhandlungen zogen sich hin, da Umbauten notwendig waren. Der Fachmann, Schwager Hugo, wollte mit ihr alle Einzelheiten besprechen. Zum ersten Mal in ihrem Leben würde Else Ury eine eigene Wohnung einrichten, die sie von ihrem Geld bezahlt hatte. Ein neues, ein wunderbares Gefühl. Eine Terrasse war ihr besonders wichtig. Hier wollte sie, umgeben von blühenden Sträuchern, im Liegestuhl ihre nächsten Bücher schreiben. Hier wollte sie Ruhe von dem lauten Berliner Alltag finden. Die Mutter konnte im Garten Radiomusik hören und lesen. Trotz der Behinderungen war die Omama noch geistig frisch und beweglich. Sie las jede noch so verrückte Neuerscheinung: Thomas Manns *Buddenbrocks*, Bertolt Brechts *Trommeln in der Nacht*, von Ernst Sudermann *Bilderbuch mei-*

ner Jugend, Katherine Mansfields *Gartenfest*, die Gedichtbände von Benn und jeden neuen Bronnen. Und immer noch las sie die schönsten Stellen laut vor. Mit niemandem konnte Else so intensiv und sachkundig über literarische Fragen debattieren, und immer wieder lernte sie von der Mutter etwas Neues verstehen, was ihr erst fremd und modernistisch erschienen war. Else staunte insgeheim über die Kenntnisse ihrer Mutter. Diese hatte bald nach dem Lyzeum mit zwanzig Jahren geheiratet und vier Kinder großgezogen. Mit der Literatur aber wuchs sie immer neu über ihr eigenes Leben hinaus. Else Ury arbeitete und plante, kochte und sorgte, und fast nebenbei entstanden auch in der Sommerfrische neue Manuskripte: *Nesthäkchen und ihre Küken, Nesthäkchens Jüngste, Nesthäkchen und ihre Enkel, Nesthäkchen im weißen Haar.* Ihre Kusine Toni Davidsohn tippte die Texte ab und deren Tochter nahm begeistert Anteil an der Entstehung der neuen Bücher.

Nesthäkchen ist Ehefrau. Die blond gelockte Hausfrau und Mutter verschwendet nach der Heirat mit Dr. Hartenstein keinen einzigen sehnsüchtigen Gedanken an das aufgegebene Studium und den Beruf. Sie ist rundum glücklich. Wenn sie abends Strümpfe stopft, liest der Mann ihr etwas vor, oder sie hören gemeinsam Radio. Sie hören Goethes Faust oder lauschen den Meistersingern, wie auch Else Ury es so gern tut. Wenn Nesthäkchen mit dem Haushaltsgeld nicht auskommt, mal wieder ein Essen hat anbrennen lassen oder ein weißer Kragen beim Bügeln angesengt ist, tröstet der gute Ehemann, denn seine frische, muntere Frau ist seine ganze Freude. Die drei Kinder werden mit Liebe, Geduld und Zärtlichkeit erzogen. Wie es sich gehört, ist der Vater etwas strenger, die Mutter ein wenig nachgiebiger und später ist sie dann die beste Freundin ihrer heranwachsenden Töchter. Große Unterschiede zu Nesthäkchens eigener Jugend gibt es nicht. Das Umfeld hat sich ein wenig verändert, die Eheleute müssen wesentlich sparsamer sein als in der guten alten Vorkriegszeit. Auch das Aufbegehren der jüngsten Tochter, einem musikalisch begabten Mädchen, ist radikaler. Der Vater verordnet der Tochter eine Banklehre, sie aber will Gesang studieren. Der Konflikt spitzt sich heftiger zu, als es noch eine Generation zuvor denkbar gewesen wäre. Und wieder wird die Ehe zum Heilmittel des Konflikts. Das Mädchen verliebt sich in einen reichen, musikbegeisterten Brasilianer und zieht nach der Hochzeit ins ferne Südamerika.

Else Ury versucht sich in der Beschreibung des Lebens in Brasilien und lässt die tiefe Spaltung zwischen Arm und Reich auf einer Kaffeeplantage vor den Augen ihrer Leserinnen erstehen. Soweit bekannt ist, war Else Ury nie in Südamerika. Die Quellen ihrer Gedankenreisen in die Ferne sind nicht bekannt. Die brasilianischen Enkelinnen besuchen für ein Jahr die Großeltern in Berlin, und Else Ury versteht es, die so unterschiedlichen Lebensverhältnisse in amüsanten Anekdoten aufeinanderprallen zu lassen. Im Vergleich Brasilien – Deutschland ist selbstverständlich der deutsche Weg stets der gerechtere, menschlichere und kulturell wertvollere. Da heißt es: »Deutsche Weihnacht. Sie wob ihren Zauberkreis auch um die Tropenbewohner. Keine glühende Sonne wie daheim am Weihnachtsfeste – Schnee – Silberschnee, soweit das Auge reichte. Und drinnen im Wohnzimmer der Großeltern die lichterglänzende Weihnachtstanne von der Erde bis hinauf zur Zimmerdecke. Jubelnde Enkelkinder darunter. Alle hatte die Großmutter unter dem Weihnachtsbaum versammelt, Kinder und Enkel, keines durfte fehlen. Alle hatten für ihre Omama die Hände geregt zu Weihnachten, bis hinunter zum kleinsten mit seinem geflochtenen Lesezeichen. Selbst Anita hatte ein Filetdeckchen zustande gebracht. Wie in frühen Jahren sang Ursel den Eltern das Weihnachtslied. Marietta aber gab das deutsche Weihnachtsfest noch eine andere Erfahrung. Sie hatte geholfen, eine Armenkinderbescherung vorzubereiten. Der Vater hatte reiche Mittel zur Verfügung gestellt. Was war ihre eigene Freude über die schönen Gaben gegen die, die ihr aus den strahlenden Kinderaugen erwuchs?« Es wimmelt in diesem Band nur so von deutschen Tugenden, die die staunenden brasilianischen Zwillinge bei den Großeltern lernen, besonders das soziale Engagement für die Armen in der Gesellschaft steht hoch im Kurs. Eines der Mädchen, Marietta, entscheidet sich mit ihrer Kusine gemeinsam für eine Ausbildung an der sozialen Frauenschule. Sie will sich auf die Fürsorgearbeit in Brasilien vorbereiten, heiratet aber dann doch einen Vetter in Deutschland. Unterwegs zu ihrem Glück erlebt sie in Mailand den 20. September, den damaligen italienischen Nationalfeiertag, an dem Rom Hauptstadt Italiens wurde.

Aus heutiger Sicht ist besonders interessant, wie das junge Mädchen die faschistische Militärparade auffasst. Wir schreiben das Jahr 1924. Mussolini und seine faschistische Bewegung sind seit zwei Jahren an der Macht. Ein endloser Zug paradiert über den Mailänder Domplatz. Das Volk ruft: »Evviva! evviva – hoch – hoch! Zwei blumengeschmückte Wagen mit greisen Veteranen in roten Jacken, die mit blühenden Zweigen die Menge grüßten, zogen vorüber. (…) Marietta begann der Zug allmählich zu ermüden. (…) Befremdet sah Marietta, wie das Volk die Vorübergehenden durch begeistertes Händeklatschen und Emporheben des rechten Arms ehrte. (…) ›Le madri‹ – die Mütter! Schwarzgekleidete, tiefverschleierte Frauen – ein langer Zug – das waren die Mütter der fürs Vaterland Gefallenen. (…) Aber der nun folgende Zug griff noch stärker an Mariettas Herz. Die Versehrten (im Original: die Krüppel) folgten, die fürs Vaterland ihre gesunden Glieder eingebüßt hatten. Im Rollwagen wurden sie gefahren, Blinde wurden geführt. Und die Menge hob den Arm und klatschte. Dieses Bild, das in krassem Gegensatz stand zu der Farbenpracht der Umgebung, tat Marietta weh.« Der erhobene rechte Arm stieß Nesthäkchens Enkelin Marietta ab. Es war der ›römische Gruß‹. Ihn hatte Mussolini als verbindliche Form der Begrüßung nach seiner Machtübernahme eingeführt. Hitler wird ihn mit der Formel ›Heil Hitler‹ übernehmen und zur unbedingten Pflicht jedes Deutschen machen. In der Nachkriegsausgabe des neunten Nesthäkchen-Bandes fehlt der Gruß mit dem erhobenen rechten Arm. Da wird nur gejubelt und geklatscht.

Als Else Ury 1924 das Buch schrieb, waren die Nationalsozialisten in Deutschland noch ein wirrer Haufen und solch ein Gruß unbekannt. Auch die Jungen und Mädchen in der Uniform der faschistischen Jugendorganisation, der Balilla, findet Nesthäkchens Enkeltochter befremdlich. Sie will sich endlich dem zuwenden, was sie an Mailand wirklich interessiert, die Kunst, vor allem will sie *Das Abendmahl* von Leonardo Da Vinci sehen. Schließlich trifft sie in Genua ihren zukünftigen Ehemann und hat anderes im Kopf als faschistische Aufmärsche. Mit einer Doppelhochzeit – die der geliebten Enkelin und die goldene Hochzeit des Ehepaars Hartenstein – endet die Nesthäkchen-Serie in einem großen sentimentalen Schlussakkord.

Else Ury wurde in diesen Jahren eine geachtete und beliebte Person des öffentlichen Lebens. Die Presse feierte ihre Geschichten, die Leserinnen waren begeistert und forderten unersättlich immer Neues. Die *Breslauer Zeitung* lobte Else Ury 1926 für ihre *Jungmädelgeschichten* und hob hervor, die kleinen Alltagsgeschichten zeigten die große Begabung der Autorin, in der Kinderseele zu lesen und den kindlichen Gedankengängen nachzugehen. Besonders werden ihr Humor und die künstlerisch wertvollen Illustrationen von Professor Sedlacek hervorgehoben, der in Österreich und Deutschland vor allem für die ›Persil‹-Reklame berühmt geworden war.

Am 1. November 1927 feierte Else Ury ihren 50. Geburtstag. Die aufwändig gestaltete Geschenkausgabe der zehn Nesthäkchen-Bände sollte im nächsten Frühjahr erscheinen. Die Presse stimmte schon Wochen vorher das Publikum auf den Ehrentag der Autorin ein. Als sie sich am Morgen des 1. November sorgfältig ankleidete, das eben von der Schneiderei fertig gestellte Schwarzseidene anzog und sich die grau werdenden Haare frisierte, war sie ein wenig beklommen, was der Tag bringen würde, aber doch zufrieden. Die kleinlichen Selbstzweifel, die sie früher hin und wieder angefallen hatten, dass sie unverheiratet, nicht besonders gebildet, nicht attraktiv, etwas füllig und sehr klein von Gestalt war, dass sie nie eine eigene Familie mit glücklichen Kindern haben würde, dass ihr Schreiben eher banal und unwesentlich war, von manchem hämisch als trivial bezeichnet wurde und dass das Leben für sie im Grunde vorbeigegangen war, ohne dass es richtig angefangen hatte – all diese einst bohrenden Gedanken, die unter der Maske der freundlichen Haustochter gewuchert hatten, trieben sie nicht mehr um. Sie staunte selbst, wie reich und vielfältig sich ihr Leben entwickelt hatte. Die jüdische Religion mit ihren Geboten und Speiseriten spielte jedoch kaum mehr eine Rolle. Nur noch an Jom Kippur ging sie mit ihrem Bruder gelegentlich in die Synagoge, hin und wieder feierte sie mit jüdischen Freunden den Beginn des Sabbath. Aus dem breiten Strom religiösen Lebens in der Kindheit war ein dünnes Rinnsal geworden, ohne Lebendigkeit und Kraft.

Die Schriftstellerei dagegen machte ihr viel Freude, überall wurde sie herzlich empfangen, gelobt und geehrt, die Familie versammelte sich um sie, die Neffen und Nichten liebten sie herzlich, die Mutter und die Brüder achteten sie, Bruder Hans war ihr freundschaftlicher Begleiter in die Konzertsäle Berlins und auf langen Wanderungen, ob im Riesengebirge oder auf Rügen. Sie hatte in ihm einen Partner, der sie schätzte und vieles im Leben mit ihr teilte. War sie nicht die eigentliche Nesthäkchenmutter und der Vater Dr. Braun dem Bruder Hans nachempfunden? Jedenfalls hatte sie eine Familie mit Nichten und Neffen, Brüdern, Schwester, Schwager und Schwägerin, lebhaft und erfolgreich, wie sie es sich immer gewünscht hatte. Sie lebte ohne finanzielle Sorgen. Nicht viele unverheiratete Frauen mit fünfzig Jahren konnten auf ein so erfülltes Leben und in eine sorgenlose Zukunft blicken. Fünfzig rote Rosen hielt Hänschen für sie bereit, und das im kalten November! Die Familie war aus nah und fern gekommen, um ihr Glück zu wünschen. Beim Empfang im Verlag ließ man sie hochleben, wünschte ihr noch viele weitere Erfolge, hatte lobende Worte für sie parat. Sogar der alte Verlagschef hatte es sich nicht nehmen lassen, eine Laudatio auf sie zu halten und der Kinderbuchautorin auf alle erdenklichen Arten zu schmeicheln. Die Nesthäkchen-Serie war ein immenser Erfolg, wie der Verlag ihn sich nie hatte träumen lassen. Nachmittags dann die Gratulanten aus Berlin und der nahen Umgebung, Kinder und Erwachsene bunt durcheinander. Wie immer feierte sie den Geburtstag am Abend im Familienkreis bei Portwein und Kuchen. Das Glück ihres Lebens, so hoffte Else Ury an diesem Tag, konnte ihr nichts und niemand streitig machen.

Selbstverständlich war auch ihre Freundin Grete dabei. Sie schrieb 1957 anlässlich des 80. Geburtstags posthum: »So ist es mir ein Herzensbedürfnis, Dir, meine Else, zu Deinem 80. Geburtstage einige Worte treuen Angedenkens zu widmen.« Weiter schreibt sie: »Else Ury, allgemein von den Kindern nur ›Die Ury‹ genannt, hat in ihren Jugendbüchern (…) ganzen Generationen von jungen Lesern alles verkörpert, was ihnen in ihrem Leben von Wert und Bedeutung gewesen ist. Sie war im Herzen selbst ein Kind geblieben – ein Sonntagskind – und verstand es so gut, dem Alltag Glanzlichte aufzusetzen. Die Kinderwelt war ihre Welt. Und darum sah sich jedes Mädel selbst in ihren Erzählungen. Nach jedem Erscheinen eines neuen Bandes liefen dringende Kinderbriefe bei ihr ein (…): Sie müssen uns mehr von Nesthäkchen schreiben.«

Als nächstes entwickelte Else Ury eine Serie über Zwillinge. Zwillingspärchen hatten sie immer fasziniert. Gleichgeschlechtliche Zwillinge kommen bereits bei Nesthäkchens brasilianischen Enkeln vor. Auch in anderen Jugendbüchern beschäftigt sie das Problem. Meist sind diese Kinder sehr verschieden von Charakter und Temperament, und Else Ury nützt die Verdopplung zu allerlei Verwechslungsanekdoten. Anders bei ihrer Serie *Professors Zwillinge*. Hier sind es Mädchen und Junge. Immer ist das Mädchen das schüchterne, zurückhaltende, ängstliche, brave und der Junge der tapfere, kluge, abstrakt denkende kleine Forscher. Die Kinder lieben sich selbstverständlich innig und sind – bei aller Verschiedenheit – unzertrennlich. Gemeinsam kommen sie in die ›Waldschule‹, eine moderne Einrichtung, in der Jungen und Mädchen gemeinsam unterrichtet werden. Die Waldschule hat es wirklich gegeben. Sie war 1925 in Berlin eine noch seltene Schulform mit außergewöhnlich fortschrittlicher Pädagogik. Es gab häufig Unterricht im Freien, die Kinder wurden zum behutsamen Umgang mit der Natur angehalten, die Großstadtkinder bekamen Pflegebeete, durften im Freien arbeiten. Sie wurden nicht gedrillt, sondern einfühlsam erzogen. Als der Vater der Zwillinge, Professor Winter, einen wissenschaftlichen Auftrag an der Sternwarte in Neapel erhält, zieht die Familie für ein Jahr nach Italien. Es ist ungeklärt, ob dieses Buch Else Ury die Anregung gab, selber nach Italien zu fahren. Vielleicht hat aber auch eine eigene Reise sie zum Buch inspiriert. 1927 erscheint als dritter Band der Serie *Professors Zwillinge in Italien*. Die Kinder erleben mit ihren Eltern ein traumhaft faszinierendes Land, politikfrei und erfüllt von den allseits bekannten Kultur- und Natursensationen aller Jahrhunderte, den Vesuv, Pompeji, die Blaue Grotte von Capri und das Castel St. Elmo oberhalb von Neapel. Und wieder wird auch in Neapel nach allen Regeln der Kunst Weihnachten gefeiert. Die Kinderherzen schlagen höher, eine niedliche, kleine Zypresse ersetzt den Tannenbaum, und der Onkel aus dem fernen Deutschland spielt den Nikolaus.

Italienreisen hatten seit Goethe im deutschen Bildungsbürgertum Konjunktur. Man reiste mit Goethe und der Kunstgeschichte von Winckelmann im Gepäck, wollte das sehen, was Goethe beschrieben hatte, und engte den Blick auf die scheinbar zeitlosen Kulturdenkmäler ein. Zwar fuhr man nicht mehr mit der Kutsche, sondern mit dem Zug, aber das aktuelle, krisengeschüttelte, von Nachkriegschaos gezeichnete Italien, in dem der Führer der Faschisten, Mussolini, an die Macht gekommen war und jede Opposition verfolgt und außer Landes getrieben wurde, war nicht im Blick der deutschen Italientouristen. Auch nicht die marschierenden Schwarzhemden, die ab Beginn der Zwanzigerjahre unerbittlich das Straßenbild der italienischen Großstädte prägten und die italienischen Nächte durch Ausgangssperren verdarben. Nicht nur Else Ury und ihr Bruder lenkten 1927 ihre Aufmerksamkeit einzig auf die zeitlosen Schönheiten des Landes. Im Familienalbum der Urys gibt es eine Postkartenfotografie. Zu sehen sind Else und Hans Ury auf dem Markusplatz von Venedig auf einer Bank, umgeben von Tauben. Die Geschwister hatten sich mit der Italienreise einen alten Traum erfüllt. Von den Tantiemen der Nesthäkchen-Bücher konnten sie ihn verwirklichen. Das einzig überlieferte Dokument dieser Reise zeigt die beiden sehr glücklich und Else Ury schreibt: »Das Brautpaar sendet aus Venedig herzliche Grüße.«

1926 unterzeichnete Else Ury den Kaufvertrag für das Haus in Krummhübel. Sie hatte ihr Geld geschäftstüchtig in Wertpapieren angelegt und umsichtig ihre Zukunft gesichert. Der ehemalige Leiter der Buch-, Musikalien- und Kunstabteilung beim Warenhaus Wertheim, dem sowohl der Globus Verlag als auch der Meidinger's Jugendschriftenverlag Berlin gehörte, bezeugte noch 1960 vor dem Nachlassverwalter von Else Ury, dem Notar Dr. Kurt Landsberger, dass die Auflagen der Nest-häkchen-Bücher und der Serie Professors Zwillinge insgesamt etwa einenhalb bis eindreiviertel Millionen Exemplare betrug. Der Ladenpreis pro Band lag bei 2,80 RM. Sie bezog 6 Prozent des Ladenpreises als Autorenhonorar und hat in dem ange-gebenen Zeitraum von 1922 bis 1933 etwa eine viertel Million Reichsmark an Tantiemen erhalten. In den besten Zeiten er-hielt sie pro Jahr 80 000 Reichsmark. Davon ließ sich auch ein Ferienhaus bezahlen.

Das Haus in Krummhübel war gut für Else Urys Zwecke geeignet. Im Kellergeschoß wohnten die Hauswartsleute Neu-mann mit Sohn Fritz. Frau Neumann hielt die Wohnung in Ordnung, Herr Neumann betreute den Garten. Dafür wohn-ten sie mietfrei. Im Dachgeschoss lebte die Familie Pförtner. Im ersten Stock befand sich noch eine Wohnung mit Arztpraxis. Noch bis 1932 war die Wohndiele ein Laden, wo man Süßig-keiten, später Fotoartikel kaufen konnte. Eine Heizung musste eingebaut, ein Badezimmer installiert werden, die Toilette war

»Haus Nesthäkchen« in Krummhübel, im Winter.

auf halber Treppe. Im Schlafzimmer gab es eine Waschschüssel mit entsprechendem Krug. Kein Luxus, aber ein Haus, um sich wohl zu fühlen. Bei Familienfeiern rückte man eng zusammen. Den Umbau leitete Hugo Heymann. Er hatte irgendwann Ende der Zwanzigerjahre eine ganz große Überraschung für Else Ury bereit. Er übertrug den Schriftzug des Einbands der Nesthäkchen-Bücher auf die Hauswand. ›Haus Nesthäkchen‹ war geboren. Knapp zehn Jahre hat dieses Glück gehalten. 1936 musste der Neffe Klaus zum Studium nach London gehen, 1940 wurde das Haus dem Vermögen des Deutschen Reiches überstellt, der Name Ury entfernt und bis zum Ende des Krieges dem Bürgermeister zur Verwertung überlassen.

Krummhübel, ein Ort mit einer besonderen Geschichte. Er liegt lang gestreckt am nördlichen Hang der Schneekoppe. Ursprünglich lebten hier vor allem Holzfäller und Köhler. Bekannt wurde das Städtchen als Sitz der ›Krummhübeler Laboranten‹, einer Zunft von Naturapothekern, die aus den heimischen Kräutern allerlei Arzneien herstellten. Berühmt ist auch die Holzkirche Wang oberhalb des Ortes, eine norwegische Stabkirche, die aus dem hohen Norden einen weiten Weg zurückgelegt hatte und bis heute Anziehungspunkt für Touristen aus aller Welt ist. Schon zu Beginn des 20. Jahrhunderts wurde Krummhübel als attraktiver Sommerfrische- und Wintersporttreffpunkt für das ganze Reich, besonders aber für die Berliner bekannt. Sicher waren die Krummhübeler mit der Zeit auch ein wenig stolz auf ihre prominente Bewohnerin, deren Geschichten man jetzt sogar schon aus dem Radio kannte. Brav standen die Kinder vor der Haustür Nummer 191 Schlange, um eine Unterschrift zu ergattern. »Das ganze Haus war glücklich, als sie eingezogen war«, schrieb eine frühere Verehrerin noch aus dem Altenheim und berichtete von ihrer Lehrerin, die zugab, selbst die Bücher von Else Ury zu lieben und deshalb großzügig darüber hinwegsah, als die Mädchen im Französischunterricht Nesthäkchen-Bände auf ihren Knien hatten und ab und zu darin lasen.

Inzwischen hatte Meidinger's Jugendschriften Verlag seinen Kinderkalender erweitert und mit verlegerischer Geschäfts-

Familienfoto auf der Veranda, 1928. Oben stehend: Else Ury.

tüchtigkeit eine Nesthäkchen-Post eingerichtet. Da durften die Kinder Else Ury Briefe schreiben und Bilder zu den Geschichten malen. Monatlich beantwortete sie die Kinderpost. Das Nesthäkchen-Geschäft florierte, und es passte ausgezeichnet, wenn Else Ury direkt aus dem Haus Nesthäkchen weitere Geschichten schrieb und ›ihre Nesthäkchenkinder‹ auch mal mit Kuchen und Schokolade im Garten bewirtete. 1932, lange nach Abschluss der berühmten Serie, entstand das Buch *Für meine Nesthäkchenkinder.* In der Einleitung erzählt Else Ury mit Witz, wie die Kinder sie im Schlaf auf der Wiese überrascht hätten und nicht locker ließen, bis sie ihnen endlich eine Geschichte erzählt habe. Es wären die Kinder gewesen, die immer für die Nesthäkchen-Post Geschichten erfunden und Bilder gemalt hätten.

Krummhübel war für Else Ury zur zweiten Heimat geworden. Die kranke Mutter wurde per Eisenbahn, mithilfe einer Dauerpflegerin, ins Haus Nesthäkchen gebracht und konnte an den Freuden des Familienlebens mit Kindern, Schwiegerkindern und Enkeln teilnehmen. Die Reise war jedes Mal eine logistische Herausforderung, wie sich Klaus Heymann erinnert: Man musste erst durch ganz Berlin bis zum Görlitzer Bahnhof, wo die Züge nach Schlesien abfuhren. Die Fernbahn ging bis Hirschberg. Dort wartete der Gepäckträger, von Else Ury informiert, mit seinem Gehilfen. Auf einem Tragesitz schleppten sie Frau Ury die Treppe hinauf und wieder hinunter zum Kleinbahnzug, der dann bis Krummhübel fuhr. Dort musste die schwere Frau in den Postbus getragen werden. Regelmäßig verbrachte der Neffe Klaus seine Oster- und Sommerferien in Krummhübel, gemeinsam mit der Familie Heymann feierten sie Silvester. Krummhübel war der Platz, an dem Else Ury sich wohl fühlte. In dem kleinen schlesischen Ferienort im Riesengebirge war das Älterwerden weniger schmerzhaft. Sie konnte im Liegestuhl liegen, schreiben, plaudern, Tagträumen nachhängen, die Neffen und Nichten verwöhnen. Im Jahre 2006 schrieb Klaus Heymann für die Else-Ury-Ausstellung im früheren Krummhübel, heute Karpacz, unter der Überschrift: »Else Ury – meine zweite Mutter«: »1927 erkrankte ich in Breslau an einer schweren Lungenentzündung. Tante Else mit ihrer alten Mutter (80 Jahre alt) und einer Pflegerin kamen Anfang Juni im ›Haus Nesthäkchen‹ an. Tante Else beschloss mit meinen Eltern, dass ich auch für circa drei Monate zur Genesung dort verweilen sollte. (…) Es war für mich eine herrliche Zeit. (…) Am schönsten war Silvester; mit Tante Else und zusammen mit meinen Eltern. Das war so gemütlich. Und auf die Silvesterscherze fiel Tante Else regelmäßig rein. (…) Tante Elses Lachen höre ich noch heute deutlich.«

1932 wurde die Familie Ury durch Krankheit und Tod von Frau und Tochter des Bruders Ludwig zu einer Veränderung der Wohnverhältnisse gezwungen. Ludwig wollte zu Mutter, Bruder und Schwester ziehen. So mieteten sie am Kaiserdamm 24 eine Neun-Zimmerwohnung. Dort konnte Bruder Hans

Else Ury im Liegestuhl im Garten von »Haus Nesthäkchen«, 1931.

als Arzt und Bruder Ludwig als Anwalt arbeiten und die Geschwisterfamilie mit Mutter und Pflegerin gemeinsam leben. Kinder aus der Nachbarschaft machten sich einen Spaß daraus, am Kaiserdamm hinter Else Ury herzulaufen und aus gebührender Entfernung: ›Nesthäkchens Oma, da kommt Nesthäkchens Oma!‹ zu rufen. Else Ury hatte meist einen langen Mantel an und auf dem Kopf ein Hütchen. Sie drehte sich dann um, lachte, winkte den Kindern zu und setzte ihren Weg fort.

Zu dieser Zeit wird sie bereits die Sorge vieler in ihrem Bekanntenkreis über die politische Entwicklung im Reich geteilt haben. Manche sagten, dass die neue Partei von Hitler eine Gefahr für Deutschland werden könne. Die Weltwirtschaftkrise hatte viele Menschen ins Elend der Arbeitslosigkeit gestürzt, in den Familien war die materielle Basis des häuslichen Glücks in Gefahr geraten. Wahrscheinlich begann Else Ury auch, wie in ihrem letzten Roman *Jugend voraus* geschrieben, auf einen starken Mann zu hoffen, der Deutschlands Wirtschaft wieder flott machen und das Elend der Nachkriegszeit beseitigen könnte.

Der Demokratie traute sie eine wirkliche Änderung der Lage nicht zu. ›Schwatzbude‹ schien ihr gar kein so falscher Begriff für das sinnlose Gerangel im Reichstag. Doch diese neue Partei war grobschlächtig und ihre Redner dröhnend laut und ungebildet. Das konnte keine Zukunftsperspektive sein. Else Ury interessierte sich von Jugend an für alles Neue, begeisterte sich für jeden technischen Fortschritt, träumte von der filmischen Bearbeitung ihrer Bücher, liebte Radio und Telefon, schnelle Eisenbahnen und die Errungenschaften der Flugzeugindustrie. So kann es sein, dass gewisse Zukunftsvisionen der Naziführer – wie Volkswagen und Volksempfänger für jedermann – sie angesprochen haben. Demgegenüber war ihr die gesellschaftliche Moderne einer demokratischen Vielfalt fremd. Ihr Gesellschaftsbild von einem festen Band zwischen Arm und Reich war zwar ganz und gar nicht identisch mit der Ideologie von der germanischen Herrenrasse. Aber ein feudaler Untertanenstaat in technologisch fortgeschrittenem Gewande behagte Else Ury schon. Dass einmal sogar ihr mittelständisches Mädchenbild unter das Verdikt der Nazizensoren fallen würde, konnte sie nicht ahnen, glaubte sie sich doch stets in Übereinstimmung mit den modernsten Anschauungen und liebte es, sich darin häuslich einzurichten.

Bis Krummhübel war das Massenelend noch nicht vorgedrungen. Arbeitslosigkeit gab es hier kaum. Die zahlreichen, meist wohlhabenden Touristen sicherten den Wohlstand im Dorf. Krummhübel war Else Urys Paradies und sie ließ ihre Leserinnen immer neu an diesen Herrlichkeiten teilhaben, ob in *Das Rosenhäusel* oder in einem früheren Buch *Hänschen Tunichtgut*, geschrieben zu Beginn der Zwanzigerjahre, als das eigene Haus noch ein Wunschtraum war.

Nach dem in Mädchenromanen vielfach erprobten Muster der Pensionsgeschichte ist die Erzählung vom Hänschen gebaut. Hänschen Tunichtgut ist kein kleiner Hans, wie man vermuten könnte, sondern eine Johanna, die gern ein Junge gewesen wäre. Sie ist ein ungestümes, widerborstiges Mädchen von 14 Jahren, das die schwache Mutter zu Hause nicht mehr bändigen kann. Sie wird in eine Pension gegeben, wo sie mit Liebe und Strenge unter dem segensreichen Einfluss der Gemeinschaft junger Mädchen zu einer vernünftigen, gezähmten und für die Ehe gut gerüsteten jungen Dame heranreift. In der Pension Hirschberg im Riesengebirge nimmt die Verwandlung ihren Lauf. Das Mädchen fährt mit der Bahn nach Krummhübel hinauf, genießt die Abendsonne über der glitzernden Schneekoppe und kann sich trotz aller Verzweiflung über das Ausgestoßenwerden von zu Hause dem Reiz des schönen Ortes nicht entziehen. Das Mädchen begegnet dann auch dem von ihr hochverehrten Gerhart Hauptmann, der unweit von Krummhübel in Agnetendorf seinen Wohnsitz hat. Das Hänschen freut sich über eine unverhoffte Begegnung mit dem Dichter und erhält zu ihrer großen Freude eine ganz persönliche Visitenkarte. Man kann sich vorstellen, dass Else Ury selbst gern so eine zu ihren Schätzen gezählt hätte. Dass Hauptmann sich zur Galionsfigur der nationalsozialistischen Kulturpolitik hat machen lassen und dem Treiben dieser Herren unwidersprochen zu Diensten war, konnte sie noch nicht wissen. Vorwürfe würde Else Ury ihm deshalb nicht gemacht haben. In der Anpassung an das jeweils Herrschende war sie dem alternden Dichter ähnlich.

Ganz anders und überraschend schreibt Else Ury in *Das Rosenhäusel* von den dunklen Seiten der sagenumwobenen Gebirgsgegend Rübezahls, vom Elend und der Not der armen Leute. Es ist eine Geschichte »für die reifere Jugend«. Hier finden ihre Erfahrungen eine literarische Verdichtung, die nicht nur das Leben in Krummhübel, den arbeitsamen Charakter und die Mühen seiner Bewohner thematisiert, sondern vor dem Hintergrund der Berg- und Sagenlandschaft auch autobiographische Elemente verarbeitet. Am Beispiel der Barbara Kleinert aus Wolfshau bei Krummhübel zeigt Else Ury ihren Glauben an den individuellen Fortschritt durch Arbeitsamkeit, Bescheidenheit, Strebsamkeit, Willen und Intelligenz, die, getragen von Liebe und Wohlwollen, höchste Ziele verwirklichen können: »Wo der Bergwald des Melzergrundes steil zur Höhe emporklettert, wo der Eulengrund ins Böhmerland hinüberführt, liegt im Talkessel zu Füßen der Schneekoppe das Gebirgsdorf Wolfshau. Als ob die Hand des Berggeistes Rübezahl willkürlich die Häuschen zwischen Matten und Waldungen über das Gelände ausgestreut habe, ist es in malerischer Unregelmäßigkeit eingebettet zwischen Bergtannen, Föhren und Lärchen. Keine Autohupe stört den Frieden des idyllischen Dörfchens, kaum Wagengeratter. Abseits von der großen Gebirgsstraße Krummhübel – Brückenberg träumt es unbewusst seiner Schönheit wie ein Kind, unberührt vom fortschrittlichen Verkehr.«

Es sind die Kontraste, die Else Ury im gesamten Verlauf der Erzählung interessieren, die Zerrissenheit des Menschen zwischen Fortschritt und Tradition. In dieser Gegend sind noch die Kräfte der Natur und die Faszination Rübezahls stärker als die Wunder und der Komfort der modernen Errungenschaften. Noch vertreiben die Autos weder die Ruhe der Landschaft noch den Glauben und Aberglauben der Menschen. Mag auch die Natur etwas von Idylle haben, der Alltag der dort lebenden Menschen ist ganz unromantisch. Else Ury erzählt von den harten Lebensbedingungen im schlesischen Arbeitermilieu zu Beginn des 20. Jahrhunderts. Der Häusler Karl Kleinert lebt mit seiner Familie in seinem Haus nur zur Pacht. Es ist ein Dorfhäuschen wie alle andern. »Und doch hat es etwas Besonderes, das kleine Haus. Das ›Rosenhäusel‹ heißt es. Feuerrote Rankrosen umklettern es zur Sommerzeit bis hinauf zu dem braunen Schindeldach – eine wahre Pracht. Auch in dem Gärtchen vor dem Hause blüht es während des ganzen Sommers in üppiger Fülle, Rosen über Rosen.«

Die Hauptfigur der Erzählung, die dreizehnjährige Barbara Kleinert, ist ein intelligentes und willensstarkes Mädchen, durch den harten Lebenskampf reifer als andere Jugendliche ihres Alters. »Barbara Kleinert ist zugleich die heimatlich Verwurzelte und die Fremde, so wie Else Ury selbst zeitlebens in der deutschen Kultur angesiedelt und doch ›die Andere‹ war. Es ist schon ungewöhnlich, dass ein Mädchen aus diesem bescheidenen ›kleinen‹ Milieu seine naturgegebene Gesangsstimme ausbilden lassen kann und eine berühmte Opernsängerin wird.« Else Ury beschreibt kein Rübezahl-Wunder,

106

sondern die konkrete Chance eines Jeden in einer modernen Gesellschaft. Vor allem die feste Verankerung in der Familie befähigt das Mädchen, den Aufstieg zu meistern. Damit zeichnet Else Ury einmal mehr das ihr eigene Motiv von Familie, die in Glück und Harmonie zusammenwirkt. In der Erzählung vom Rosenhäusel fließen Mythos, Glaube und Aberglaube mit realen Lebensbedingungen und Lebenserfahrungen zusammen. Anschaulich und genau schildert Else Ury die häufig selbst erlebte Ankunft der Reisenden im Sommer: »Alle Ortschaften am Fuße der Schneekoppe haben sich auf die Fremden eingestellt. Auch im Rosenhäusel hielt man drei Stuben bereit und hoffte auf Logiergäste. Die Sommerferien hatten begonnen, am Bahnhof warteten schon die Postautos, die Hotelwagen und Landauer. Auch Dorfkinder wie Bärbel und Karl hatten sich mit ihren kleinen Wägelchen eingefunden. Und dann steigen die Ankommenden aus dem überfüllten Zug: Touristen mit Rucksäcken, Wandervögel und Pfadfinder, Reisende mit Koffern und Kindern, dazwischen Gepäckträger; es war ein arges Gewühl. Die Hausmeister riefen mit lauter Stimme die Namen ihrer Hotels aus: ›Preußischer Hof – Goldener Frieden Teichmannbaude – Hotel Wang – Hotel Rübezahl –‹ man verstand sein eigenes Wort nicht.« Der glanzvolle Aufstieg der jungen Sängerin wird jäh gestoppt, als sie durch eine verschleppte Krankheit ihre Stimme verliert und das einmal erreichte Niveau nicht mehr zurückgewinnen kann. Nach vielen Wirren und Schicksalsschlägen heiratet die Heldin doch noch den Jugendfreund, der inzwischen Arzt geworden ist, und findet in der sozialen Arbeit einen Ersatz für ihre durch Krankheit zerstörte Künstlerkarriere.

Wie das Rosenhäusel im Roman war auch Haus Nesthäkchen für Else Ury eine Zufluchtstätte. Noch 1939, nach der Pogromnacht, unter schwierigsten Verhältnissen, wird sie alles daran setzen, noch einmal mit ihrer Mutter nach Krummhübel in ihr Haus Nesthäkchen zu fahren und vom Liegestuhl aus ihrem Neffen nach London zu schreiben: »Es könnte alles so schön sein, wenn nicht.«

Stationen der Entrechtung
(1933–1943)

Else Ury erlebte den 30. Januar 1933, der als Tag der Machtergreifung in die Geschichte eingegangen ist, nicht als existenzielle Bedrohung. Wie die meisten Deutschen begrüßte sie die ›nationale Erhebung‹ und hoffte, dass das Elend der Nachkriegsjahre zu Ende wäre und eine neue Zeit begonnen hätte. In diesem Geist schrieb Else Ury *Jugend voraus*, eine Erzählung für Knaben und Mädchen. Das Buch bietet bis auf den etwas ungewöhnlichen Titel im kategorischen Imperativ erst einmal nichts Sensationelles. Wieder steht im Mittelpunkt des Geschehens eine ganz normale Familie. Felsing heißt sie. Diesmal ist die Geschichte im kleinbürgerlichen Milieu angesiedelt und Else Ury nimmt sich erstmals des wichtigen Problems der Arbeitslosigkeit an.

Vater Felsing ist ein braver Bankbeamter, die Mutter eine fröhliche, sparsame und gebildete Hausfrau. Die vier Kinder, zwei Jungen, zwei Mädchen, gehen auf das Gymnasium, und jedes ist auf seine Art, wie Urys Helden stets zu sein pflegen: patent, begabt und liebenswert. Doch der pausbäckige Familienalltag erfährt im Frühjahr 1932 eine empfindliche Störung. Der Vater wird ›abgebaut‹, und so gerät die Familie ›unverschuldet‹ in Not. Der immer korrekte, fleißige Bankbeamte ist fassungslos über seine Entlassung, und nach einem Monat muss er den schweren Weg zum Wohlfahrtsamt gehen. »Der Sparpfennig war bis auf ein geringes aufgebraucht. Er musste um Arbeitslosenunterstützung einkommen, wenn seine Kinder nicht hungern sollten. Es war der schlimmste Tag, den Felsings bisher erlebt hatten, als der Vater zum ersten Mal ›stempeln‹ ging.« Einzig um der Familie willen geht er diesen entwürdigenden Gang. Doch die liebende Ehefrau und die tapferen Kinder bemühen sich nach Kräften, den Vater aufzuheitern und zu unterstützen. Die Größeren suchen sich kleine Verdienstmöglichkeiten, helfen im Haushalt und nörgeln nicht über die wachsenden Unbequemlichkeiten, die das Untervermieten von zwei

Zimmern der Wohnung mit sich bringt. Die Mutter kann den Einschränkungen auch manches Gute abgewinnen: »Es stählt den Charakter und macht für das Leben tauglich.«

Im Laufe der Geschichte wird von Else Ury immer häufiger ein Vokabular verwendet, wie wir es zuletzt in ihren Kriegsbüchern fanden. Das Vaterland, und immer wieder das Vaterland wird beschworen, selbst bei so banalen Alltagsdingen wie der Kinderlandverschickung oder der Annahme einer Schreibarbeit. Der Untermieter der Felsings, ein japanischer Wissenschaftler, sucht eine Sekretärin und wundert sich, dass Mutter Felsing bereit ist, seine Arbeit zu tippen. Er wendet ein, dass in Japan eine Frau der Schmuck des Hauses sein soll und selbstverständlich nicht arbeitet. Darauf entgegnet Frau Felsing: »Das wollen wir deutschen Frauen auch sein. Aber unser Vaterland braucht die Arbeit von allen, ob Mann oder Frau, um wieder zu erstarken.« Die Unsinnigkeit dieser Entgegnung liegt auf der Hand: Bei sieben Millionen Arbeitslosen kann eigentlich niemand davon reden, dass die Arbeit aller gebraucht wird. Außerdem braucht ›das Vaterland‹ nicht Frau Felsing, sondern diese braucht einfach das Geld für die nächste Miete.

Diese allgemein-politische Überhöhung nimmt in dem Buch von Kapitel zu Kapitel mehr Raum ein. Die Ferienarbeit des dreizehnjährigen Peter auf einem Bauernhof wird zur ›Vaterlandsverteidigung‹ und zur Unterstützung des Bauernstandes als Grundstein des deutschen Volkes. Die Eltern erlauben die Fahrt auf das Land, weil es gut ist, »wenn die Jugend der deutschen Scholle ihren Ertrag abzugewinnen half«. Selbstverständlich geht es wieder nach Schlesien. Landarbeit mit Sicht auf die Schneekoppe. Als es beim Kartoffelbuddeln heiß und staubig ist, ermuntert der Junge sich mit dem Gedanken an deutsche Heldentaten. Hatten andere nicht viel größere Anstrengungen und Schmerzen für ihr Vaterland ertragen? Hatten sie nicht ihre gesunden Gliedmaßen, ja ihr Leben geopfert? Und da wollte er sich um das bisschen Kreuzschmerzen haben? »Die Scholle, aus der er die Kartoffeln buddelte, war deutsche Erde.« Er half, dem Heimatboden seinen Ertrag abzugewinnen. Also Zähne zusammenbeißen und feste drauf los. Auch der Älteste zeigt mit vaterländischem Stolz einem amerikanischen Geschäftsmann Berlin, und als der Amerikaner nach fünf Tagen Berlin verlässt, hat er den denkbar günstigsten Eindruck von Deutschland und der deutschen Jugend bekommen. Die Einladung des freundlichen Untermieters, nach Japan zu kommen, lehnt Wolfgang stolz ab, denn: »Unser deutsches Vaterland braucht jetzt seine Jugend. Jeder von uns hat die Pflicht, am Aufbau mitzuhelfen. Keiner darf eigenen Wünschen nachgeben und fahnenflüchtig werden.« Diesmal wird nicht nur deutsche Weihnacht gefeiert, dass es den Japaner zu immer neuen Begeisterungsstürmen treibt, nun soll auch gut protestantisch Einsegnung gefeiert werden. »Und während Winter und Vorfrühling miteinander um die Herrschaft rangen, während Herr Felsing sich wunderte, dass noch immer keine Nachricht von der Staatslotterie da war, während Frau Felsing überlegte und rechnete, ob man wohl ein kleines Familienfest zu Renates im März stattfindender Konfirmation geben könnte, hielt der Vorfrühling in Deutschlands Staatsregierung seinen Einzug. Plötzlich war sie da, die allgemeine nationale Erhebung Deutschlands. Die aufbauwilligen Deutschen schlossen sich unter Führung des Reichskanzlers Hitler zusammen.« Und in Anspielung auf den 30. Januar 1933 schreibt Else Ury: »Berlin war ein Flaggenmeer. Alles hoffte wieder auf bessere Zeiten. Allen voraus die Jugend, die Hoffnung des deutschen Volkes.«

So steht Renate denn auch am 1. Mai 1933 mit ihrer kleinen Schwester und einem Fotoapparat dicht bei der Reichskanzlei, um den Moment, wenn der Reichspräsident und der Reichskanzler erscheinen, festzuhalten. Auch in der Familie ist die Hoffnung wieder eingekehrt. Der Vater hat die Arbeit bei der Staatslotterie bekommen und der 1. Mai, traditionell ein Kampftag der Arbeiter, erscheint plötzlich als ganz besonderer Freudentag. »Am Eingang der Linden ein großes Transparent mit der Inschrift: ›Dem deutschen Menschen kann nur ein starkes Deutschland Arbeit geben‹. Die frühlingsgrünen Linden hinab, die schon so manche große Stunde geschaut, bis zum Lustgarten hinunter ein wogendes Meer von Schulkin-

dern. Die Jugend marschiert. Und während zum Tempelhofer Feld all die Formationen, Verbände, Vereine, Gilden, Innungen und Betriebe, das ganze arbeitende Berlin, hinausziehen, während von außerhalb Tausende und Abertausende zum nationalen Fest der Arbeit in umkränzten Sonderzügen, blumengeschmückten Autos und Flugzeugen in die Hauptstadt befördert werden, sammelt sich die Jugend zur nationalen Kundgebung im Lustgarten. Jungdeutschland erwartet den greisen Reichspräsidenten und den Reichskanzler. (…) Das fröhliche Stimmengewirr der Kinder verstummt plötzlich. Von der Schloßrampe herab erklingt vom Berliner Sängerbund feierlich das Lied: ›Deutschland, du mein Vaterland‹. Riesenlautsprecher übertragen die Kundgebung. (…) Nur mit Mühe kann der Wagen, der den Reichspräsidenten und den Reichskanzler, das alte und das junge Deutschland verkörpernd, an der lebendigen Mauer der ihnen zujubelnden Jugend vorbeiführt, bis zum Lustgarten gelangen. (…) Ein neuer Jubelsturm, als der Reichspräsident die Rednertribüne betritt. Von hunderttausend hellen Kinderstimmen klingt es ihm entgegen:
›Ich hab mich ergeben mit Herz und mit Hand
Dir, Land voll Lieb' und Leben, mein Vaterland.‹
Stille trotz der Menschenflut. Der alte Generalfeldmarschall spricht. Er begrüßt die Jugend, die sich hier aus allen Volksschichten versammelt hat, um sich zum gemeinsamen Vaterlande, zur pflichttreuen Hingabe an die Nation, zur Achtung vor der schaffenden Arbeit zu bekennen. ›Ihr seid unsere Zukunft! Ihr müßt erst das Erbe der Väter auf eure Schultern nehmen, um es zu erhalten, zu festigen und auszubauen. Nur wer gehorchen lernt, kann später auch befehlen. Nur wer Ehrfurcht vor der Vergangenheit unseres Volkes hat, kann dessen Zukunft meistern.‹ Mit dreifachem Hurra auf Deutschland schließt der greise Reichspräsident. Das Deutschlandlied erbraust. Das ganze deutsche Volk – alle wollen sie geeint an der nationalen Arbeit mithelfen. Jugend voraus!«

Jugend voraus ist das letzte Buch, das von Else Ury veröffentlicht wurde. Was kann sie nur getrieben haben, die sie umgebende Realität zu ignorieren, den Plattheiten von der nationalen Erhebung Deutschlands Glauben zu schenken und sie für Knaben und Mädchen gefällig aufzubereiten? Gab es am Kaiserdamm keine SA, die grölend durch die Straßen zog und ›vom Judenblut, das vom Messer spritzt‹, brüllte? Kannte sie das erste Rasse-Gesetz der Hitler-Regierung nicht, das Juden den Beamtenstatus entzog? Wusste sie nichts vom Entzug der kassenärztlichen Zulassung für jüdische Ärzte vom 22. April? Nach dem Reichstagsbrand waren Tausende Oppositionelle verhaftet und verschleppt, am 1. April die jüdischen Geschäfte boykottiert worden. Nach dem 1. Mai wurden die Gewerkschaften verboten, am 10. Mai an vielen Orten Bücher verbrannt, die sie schätzte und deren Autoren sie verehrte.

Es gab eine Zeit lang Vermutungen, dass in das Buch *Jugend voraus* gegen Else Urys Willen hineinmanipuliert und es ohne ihr Zutun auf nationalsozialistischen Kurs gebracht worden wäre. Meidinger's Jugendschriftenverlag war eine Tochtergesellschaft des jüdischen Kaufhauskonzerns Wertheim. 1941 ist sein Name erloschen und sein Bestand vom Globus Verlag übernommen worden, eine offensichtliche ›Arisierungsmaßnahme‹. Wahrscheinlich hat der Verlag 1933 unter politischem Druck gestanden und wollte mit inhaltlichen Zugeständnissen, wie sie Else Ury in ihrem Buch machte, noch eine Zeit lang weiter publizieren. Die Frage bleibt, ob Else Ury den Tenor des Buches aus freien Stücken so gestaltet hat oder sie dazu auf irgendeine Art gezwungen worden ist. Finanziell hatte sie es nach 38 erfolgreichen Büchern und zahllosen anderen Veröffentlichungen eigentlich nicht nötig, Hitler gegen ihre Überzeugung öffentlich zu applaudieren.

Verwandte von Else Ury, Marianne und Heinz Wallenberg, die nach Kolumbien ins Exil gingen, waren völlig überrascht von der Existenz des Buches. Sie schrieben 1992 aus Bogotà: »Wir können gar nicht darüber hinwegkommen, dass wir von dem 1933 erschienen Buch *Jugend voraus* <u>nie</u> gehört hatten, obgleich natürlich neue Bücher von Tante Else immer ein Gesprächsthema in der Familie waren.« Da ist die Überlegung des einzigen, heute noch lebenden Zeitzeugen, Klaus Heymann, berechtigt, dass sich seine Tante wahrscheinlich des

Buches geschämt hat. Seine heutige Erinnerung beendet auch alle Zweifel an der Authentizität des Buches. Noch vor Jahren hatte er gemeint, das letzte Kapitel von *Jugend voraus* sei leider irreführend, ein trauriger Versuch – der seiner Tante anscheinend auferlegt worden war –, sich bei der Schrifttumskammer ›lieb Kind‹ zu machen. Klaus Heymann gab an, er habe das Buch auch damals nie zu lesen bekommen. Viele Jahre später berichtet er jedoch, dass seine Tante ihm als Fünfzehnjährigen den Schluss des Buches zeigte und ihn um seine Meinung bat. Es war im Riesengebirge, und was er las, gefiel ihm nicht. Er sagte, solche Sachen dürfe sie nicht in ihr Buch reinbringen. »Aber sie meinte, sie müsste das, sonst würde das Ganze nicht richtig enden, und sie wollte mit dieser nationalen Erhebung die Geschichte zu einem Abschluss bringen.« Nur über die letzte Zeichnung der BDM-Mädchen in Uniform und mit der Hakenkreuz-Fahne habe sich seine Tante furchtbar aufgeregt und den Verlag gebeten, er sollte zumindest die Hakenkreuzfahne rausnehmen. »Der Verlag hat sich geweigert, und sie war mehr als enttäuscht, sie war ganz erbost darüber. Das weiß ich noch.«

Dieser Zeitzeugenbericht beendet mit einem Schlag alle Spekulationen über die Manipulation von fremder Hand an Else Urys Text. Sie hat ihn so schreiben wollen und die politische Lage grundlegend verkannt. *Jugend voraus* ist wahrscheinlich im Spätsommer oder Herbst 1933 erschienen. Ihr Protest gegen die Hakenkreuze war vergeblich. Wie viele Exemplare vertrieben wurden, ist unbekannt. Im Anhang findet man noch eine Werbung für die Nesthäkchen Serie. Doch sehr bald lassen die Verhältnisse in Deutschland keine weiteren Bücher Else Urys mehr zu, weder mit noch ohne Hakenkreuze.

Aus heutiger Sicht, mit der Kenntnis der Ermordung von Millionen europäischer Juden, denken viele, es sei für eine Jüdin völlig abwegig, 1933 so etwas zu veröffentlichen, und erwarten von den späteren Opfern des Völkermords mehr politische Weitsicht und Klarheit. Offensichtlich auch mehr als von der Mehrheit der übrigen Deutschen. Doch Else Ury war vor allem eine Deutsche. Das war ihre Identität bis weit in die Dreißigerjahre hinein. Ihre Zukunftshoffnungen waren, genau wie bei Millionen anderer Menschen, dass die Nationalsozialisten mit Hitler als Reichskanzler Arbeitslosigkeit und Massenelend beseitigen würden. Dass der Rassenwahn der Nazis sie bald zur verfemten Jüdin machen würde, ahnte sie nicht, konnte sie nicht glauben. Mit ihrem Bild von deutscher Geisteshaltung und deutscher Kultur war das gänzlich unvereinbar. Else Ury hat die Lage in Deutschland 1933 falsch eingeschätzt. Der leidvolle Weg der Austreibung Else Urys aus Deutschland beginnt, noch während *Jugend voraus* gedruckt wird. Im Gegensatz zu vielen anderen Deutschen hat sie diese Fehleinschätzung mit einem grausamen Tod bezahlen müssen.

Was hat Else Ury empfunden, als Hitler und Goebbels von der Verschwörung des Weltjudentums und der germanischen Rasse als Herrenrasse brüllten und die Juden als Ungeziefer, als Krebsgeschwür am arischen Leib, das es auszuradieren gelte, bezeichneten? Vielleicht hat sie das als vorübergehende Überhitzung angesehen und gemeint, der Zweck, die Beseitigung der Not, heilige die Mittel. Und als den jüdischen Ärzten die Kassenzulassung entzogen wurde, hat sie nur die Ausnahme der ungeheuerlichen Regelung zur Kenntnis genommen, dass Ärzte, die einmal Frontkämpfer oder schon lange zugelassen waren, von dieser Verordnung nicht betroffen sein sollten. Es hat nicht wenige jüdische Bürger gegeben, die durch die infamen Ausnahmeregelungen in ihrem Glauben bestärkt wurden, dass Hitler nur die ›undeutschen‹, die national nicht zuverlässigen, die nicht genügend assimilierten Juden meinte und gegen sie vorginge, die ›guten‹ deutschen Juden aber nichts zu befürchten hätten. So dachte auch der Schwager Hugo Heymann und hielt als Regierungsbaurat seinen Beamtenstatus noch lange Zeit für gesichert.

Unter den jüdischen Bürgern Berlins war 1933 die Auffassung verbreitet, am besten sei es, sich ruhig und unauffällig den neuen Anordnungen zu fügen. Man wähnte die eigene Position relativ sicher, hoffte, dass sich der Antisemitismus gegen die verachteten Ostjuden austoben würde. Man ermahnte sich untereinander, den Wohlstand nicht aufdringlich nach

114

außen zu kehren, bescheiden und der ökonomischen Not der Mehrheit angemessen zu leben und sich der nationalen Erhebung zur Verfügung zu stellen. Auch jüdische Zeitungen schrieben in diesem Sinne. So verwahrte sich der ›Centralverein deutscher Staatsbürger jüdischen Glaubens‹ im Frühjahr 1933 explizit ›Gegen Gräuelhetze‹ in der ausländischen Presse und schrieb: »Wir 565 000 Juden legen feierliche Verwahrung ein. Eine zügellose Gräuelpropaganda gegen Deutschland tobt in der Welt. Durch jedes Wort, das gegen unser Vaterland gesprochen und geschrieben wird, durch jeden Boykottaufruf, der verbreitet wird, sind wir deutschen Juden genauso tief Betroffene wie jeder andere Deutsche. Nicht aus Zwang, nicht aus Furcht, sondern weil gewisse ausländische Kreise die Ehre des deutschen Namen lästern, das Land unserer Väter und das Land unserer Kinder schädigen, sind wir ohne Verzug dagegen aufgestanden. Vor dem In- und vor dem Ausland haben wir die Lügenmeldungen über Deutschland und die neue Regierung gebrandmarkt. Unser energischer Protest gegen Deutschlands Verunglimpfung ist geglaubt worden. Nur in unserem eigenen Vaterland, dem Lande, für das zwölftausend jüdische Helden ihr Leben ließen, glaubt man uns nicht.« Paul Spiegel, der vormalige Präsident des Zentralrats der Juden in Deutschland, berichtet in seinen Lebenserinnerungen: »Meine Eltern hatten die hereinbrechende Nazi-Katastrophe lange nicht wahrhaben wollen. Sie fanden sich in guter Gesellschaft. Die meisten deutschen Juden dachten wie sie. Deutschlands Juden liebten ihr Vaterland und waren fest in ihrer Heimat verwurzelt.« Von diesem Denken getrieben, legten zahlreiche Juden nach dem Boykotttag gegen jüdische Geschäfte, dem 1. April, ihre Orden aus dem Ersten Weltkrieg an, weil sie in den Aktionen vor allem ein Misstrauen gegen ihren Patriotismus erblickten. Sie wollten mit ihrer Geste zeigen, dass hier gute deutsche Bürger und Patrioten diskriminiert würden.

So dachte auch Else Urys ältester Bruder Ludwig, der schon im April 1933 die Methoden der Ausgrenzung und Diskriminierung am eigenen Leib erfahren musste. Wenige Woche nach dem Reichstagsbrand wurde entgegen allen bisherigen

Rechtsgrundlagen ein Zulassungsverbot für jüdische Anwälte erlassen. Dr. Ludwig Ury – Anwalt seit 1898 – musste sich in die Schlange derer einreihen, die am Sitz der Berliner Anwaltskammer am Schöneberger Ufer ihre Zulassung neu beantragten. Der Antrag auf weitere Berufsausübung beinhaltete ein Bekenntnis zur neuen Regierung und den von ihr erlassenen Regelungen. Ludwig Ury war 63 Jahre und als Patentanwalt in Fachkreisen hoch angesehen. Allen schien es widersinnig, dass der in Ehren ergraute Doktor des Rechts nun anstehen und demütig um seine erneute Zulassung betteln sollte. Im Wohnzimmer der Familie Ury reagierte man fassungs- und hilflos über die Plötzlichkeit und Brutalität der neuen Bestimmungen. Ludwig entschied sich schließlich für den Weg zur Anwaltskammer. Ein Zeitzeuge berichtet: »Wir mussten stundenlang vor dem Gebäude warten, und zwar im Regen, und unter Aufsicht junger SA-Burschen, bis wir einzeln in das Haus eingelassen wurden. Dieser Vorgang war für uns im höchsten Maße entwürdigend und sollte es auch sein.« Tagelang war die berufliche Zukunft ungewiss. Es gab verwirrende Informationen und Gerüchte über die zukünftige Verwendung jüdischer Anwälte. Schließlich soll sich der Reichspräsident Hindenburg für die Frontkämpfer und älteren Anwälte eingesetzt haben. Ludwig fiel unter die Rubrik ›vor 1914 zugelassen‹ und konnte deshalb noch eine Zeit lang in seiner Praxis am Kaiserdamm weiterarbeiten. Eine Zusammenarbeit mit nicht-arischen Anwälten war strikt verboten. So hatte Else Ury am Beispiel ihres Bruders, der mit ihr in einer Wohnung lebte und dort auch seine Kanzlei führte, schon im April 1933 erfahren müssen, dass ihre Familie nun einer verachteten Minderheit angehörte. Unzählige antijüdische Verordnungen, Gesetze und Erlasse des faschistischen Deutschlands treiben die deutschen Juden ins unsichtbare Getto und später in die Vernichtungslager.

Gab es jemanden in der Familie, der bewußt die Situation erfasste, der die Nazis durchschaute? Es könnte Bruder Hans gewesen sein, ein sehr sensibler Mensch, der immer depressiver wurde. Er quälte sich in Albträumen mit den SA-Horden, ging kaum noch aus dem Haus, war manchmal nicht ansprechbar.

Im Hause Ury wurde traditionell nicht über Politik diskutiert, doch diese von der Omama hochgehaltene ›gute Regel‹ wurde nun immer häufiger durchbrochen. Der Alltag schwemmte die verachtete Politik ins Haus. Daran zerbrachen auch die grundlegenden Gewohnheiten der Urys. Selbst in Krummhübel und zu den hohen Feiertagen.

So kann es auch Silvester 1933/34 gewesen sein. Die Familie ist versammelt. Man sitzt bei Pfannkuchen und Kaffee beieinander, später wird es Portwein geben. Franziska Ury, trotz der körperlichen Gebrechen hoch aufgerichtet im Sessel, in feierlichem Schwarz mit Brosche und Goldkette ganz oben am festlich gedeckten Tisch, rechts und links nach der Tradition die Brüder Hans und Ludwig, dann Käthe mit Schwager Hugo, neben Hans die Schwester Else. Tante Olga (Olga Davidsohn, eine Kusine von Else Ury. Sie konnte noch im Frühsommer 1941 nach Kolumbien ins Exil gehen) und Klaus, der Jüngste. Vielleicht noch Kurt, der Sohn eines verstorbenen Vetters. Er ist seit langer Zeit Waise und bei Tante Else ein gern gesehener Gast. Frau Neumann, die Hauswartsfrau, hat vormittags geholfen. Jetzt sitzt sie mit Mann und Sohn in der eigenen Stube im Kellergeschoss. Familienfeste gehören der Familie. Man denkt wie stets an das vergangene Jahr zurück. Die Stimmung wird bedrückt sein, keiner traut sich anfangs so recht an die traditionellen Späße heran. Mag sein, dass am Vormittag beim Spaziergang durch den Schnee alte Bekannte aus dem Dorf den Kopf zur Seite drehten, nicht mehr grüßten, mag sein, dass man wieder einmal von antijüdischen SA-Übergriffen aus dem Nachbardorf gehört hatte. Mag sein, dass im Radio Goebbels unmissverständlich den Hass auf die jüdischen Bürger hochpeitschte, seine Stimme sich in Beschimpfungen überschlug. Im Laufe des Abends haben sie dann doch die typischen Scherze gemacht, gespannt gelauert, wer den Pfannkuchen mit Senf erwischt, und liebevoll-schadenfroh gelacht, als Tante Else ihr Gesicht mit senfgelbem Mund angewidert verzieht.

1934 quollen die Straßen über vor SA-Aufmärschen ungeahnten Ausmaßes. Schrieb Else Ury in dieser Zeit noch weitere

Mädchengeschichten? Bot sie den Verlagen Manuskripte an oder war ihr schon angedeutet worden, dass sie als Jüdin keine Druckerlaubnis mehr bekommen würde? Vielleicht aber hatte sie, besonders nach dem Tod des von ihr immer noch verehrten Reichspräsidenten Hindenburg im August 1934, erkannt, dass es gegen die Alleinherrschaft Hitlers kein Mittel mehr gab und sie als Jüdin immer mehr ins Abseits der Gesellschaft geriet. Es soll einen Freund oder Bekannten in der Reichsschrifttums-kammer gegeben haben. Hat er ihr klaren Wein eingeschenkt? Wir wissen es nicht und können nur ahnen, dass ihre immer wieder beschworene Erkenntnis aus Lessings *Nathan der Weise* vom Mensch-Sein, unabhängig von Herkunft und Konfes-sion, sie blind machte, die ganze Brutalität der Gettoisierung und Vernichtungspolitik der Nazis zu erkennen und sich von Deutschland abzuwenden.

Unverstanden blieben auch frühe Aufrufe aus eigenen Rei-hen. ›Wer Hitler wählt, wählt den Krieg!‹, hatten jüdische In-tellektuelle schon 1931 propagiert und für sich daraus Schlüsse gezogen. Bis zum Frühjahr 1935 emigrierten ungefähr 60 000 Juden aus Deutschland, hauptsächlich nach Palästina, was für Else Ury keine Perspektive sein konnte. Noch war sie Mitglied des Reichsverbands deutscher Schriftsteller, noch wurden ihre Bücher frei verkauft und auf den Buchmessen und in den Kata-logen angeboten. Noch ging Klaus Heymann fast unbehelligt ins Grunewald-Gymnasium und bereitete sich auf das Abitur vor. Noch konnte die Familie einträchtig beieinander sitzen und Silvester feiern.

Station 1
Ausschluss Else Urys aus der Reichsschrifttums-kammer.

Verbot der Sozietätsbildung jüdischer Rechtsanwälte mit ›ari-schen‹ Anwälten.
Ausschluss aller jüdischen Künstler aus der Reichsschrifttums-kammer

118

Das genaue Datum ist bekannt: 6. März 1935. Nach den Anordnungen des Reichspropagandaministers Dr. Goebbels für die Entfernung von Volksfeinden aus dem deutschen Kulturleben reichten für die einfachen Fälle von Ausschluss Formblätter, die die Betroffenen per Post als Einschreiben erhalten sollten. Solch einen Formbrief hat auch Else Ury bekommen. Einziges Rechtsmittel gegen den Ausschluss aus dem Reichsverband Deutscher Schriftsteller: Beschwerde beim Präsidenten der Reichskulturkammer. Er allein entschied über Aufnahmen und Ausschlüsse. Was wird Else Ury gedacht haben, als sie den als Einschreiben wichtig gemachten Amtsbrief gelesen hatte? Wird sie mit ihrem Bruder, dem Juristen, rechtliche Schritte überlegt haben, von denen der dann hilflos abgeraten hat? Wird sie voller Empörung dieses kulturlose und grausame Regime verflucht haben? Wird sie sich, wie oft in Krisen, in ihr Zimmer, in ihre Migräne verzogen haben, um dann, nach einigen Tagen, entschlossen herauszutreten und zu sagen: ›Ich schreibe nie mehr eine Zeile‹? Sie wird die oft geübte Kunst der Anpassung an die Verhältnisse praktiziert und sich entschlossen dem Haushalt, der Pflege der Mutter, den vielfältigen Verwandten in Not und der schwieriger werdenden Alltagsorganisation gewidmet haben.

Else Ury schreibt nicht mehr. Staatlich verordnetes Schreibverbot. Im Katalog des Deutschen Börsenvereins, Band 1931–1935, werden die Titel ihrer Bücher letztmalig erwähnt, zu ermäßigten Preisen selbstverständlich. Will man nur die Jüdin treffen oder auch ihre Bücher? Die nationalsozialistische Erziehungsideologie hatte keinen Bedarf an Mädchenbüchern, schon gar nicht an denen von Else Ury. Im Gegenteil: Sie verdrängte sie per Verordnung, Erlass und mit gezielten Säuberungen der Bibliotheken. Das überraschte nicht nur Else Ury. Es gab und gibt die Auffassung, zwischen dem Mädchen- und Frauenideal der Nesthäkchen-Serie und der nationalsozialistischen Schwärmerei von gesunder Familie, natürlicher und heiliger Bestimmung der Frauen als Mütter künftiger Soldaten bestehe eine allzu enge Verbindung. Doch die nationalsozialistischen Wunsch-Mädchen sollten anders sein als Urys

Nesthäkchen: Nicht kess, nicht fraulich, nicht widerspenstig und schon gar nicht studiert. Sie machten weichlich und verschroben und erzogen die heranwachsenden Soldatenmütter nicht zu Kampfgefährtinnen der deutschen Männer. Die neue Frau musste hart sein, ihre Pflicht eisern erfüllen, dem Soldaten eine echte Lebenskameradin werden, kein Mitleid kennen und ihre Kinder im soldatischen Geiste erziehen. Nur wenige Mädchenbücher finden die Gnade der Zensoren, nur wenige entstehen neu. Ihre Titel sind Programm: *Mädel im Kampf um die Ostmark, Zickezacke – Landjahr Heil!, Friedel im Pflichtjahr, Flink wie Windhunde, Im Bund deutscher Mädel.*

Da die Sehnsucht nach einer Mädchenserie von den Puppen bis zum weißen Haar auch unter der Naziherrschaft nicht ganz zu unterdrücken ist, macht sich zwischen 1936 und 1939 die Vielschreiberin Magda Trott daran, einen Ersatz für die verbotene Nesthäkchen-Serie zu schaffen: *Försters Pucki*. Die Geschichte spielt im ländlichen Raum, wo dem Mädchen die angemessenen Tugenden auf dem Weg zur Frau im Nationalsozialismus vermittelt werden. »Ein wahres Erziehungswerk«, heißt es in der Werbung. Försters Pucki hat mit dem Großstadtmädchen Nesthäkchen nur wenig gemeinsam. Auch sie ist ein Wildfang, den es zu zähmen gilt. Doch die Methoden zur Zähmung sind anderer Natur. Da regiert die Rute, die der Vater abends schwingt, denn die Mutter taugt nur bedingt für die notwendige Strenge. Sie ist selbst ein schwaches Geschöpf, das es mit männlich-starker Hand zu erziehen gilt. In zwölf Bänden führt das Mitglied der NS-Frauenschaft, Magda Trott, vor, wie eine Frau durch eisiges Schweigen und harten Blick geschurigelt wird und sich schließlich der Welt des Mannes widerspruchslos fügt. Pucki lernt ihre »eigentliche Bestimmung als Frau und Mutter« und gibt das Erlernte an ihre Kinder und Enkel weiter, damit die ›Volksgemeinschaft‹ gedeihen kann. Doch trotz Pucki-Serie und aller Diffamierungen können die nationalsozialistischen Ideologen die Begeisterung für Else Urys Bücher nicht auslöschen. In der Geschichte des deutschen Jugendbuches von 1942, erschienen in Leipzig, mahnt die oben schon erwähnte Irene Graebsch ausdrücklich vor dieser

Gattung Mädchenliteratur, »deren nachhaltige Wirkung wir noch immer (1942! MB.) verspüren.« Diese Literatur führe, so schreibt sie weiter, »zu den ebenso törichten, aber weitverbreiteten Fortsetzungsgeschichten von Emmy von Rhodens Trotzkopf und den Nesthäkchenbänden der jüdischen Verfasserin Else Ury, die hier deshalb ausdrücklich aufgeführt wird, weil sie noch heute gelesen wird, ohne dass man über ihre Abstammung unterrichtet ist.«

Zeitzeuginnen, die den Nationalsozialismus als junge Mädchen und im Bund Deutscher Mädel (BDM) erlebten, haben das Verbot der Ury-Bücher auf ganz unterschiedliche Weise erfahren. Einige berichten, sie hätten von dem Verbot gewusst, aber trotzdem ungehindert mit den Freundinnen weiter die Bücher tauschen können, andere bekamen große Schwierigkeiten. Ihre Bücherschränke wurden von Jungmädelführerinnen inspiziert, die Eltern bedroht, nicht weiter zuzulassen, dass die Töchter ›jüdisches Gift‹ lasen, den Vätern sogar mit Entlassung aus ihren Ämtern gedroht. Manche mussten feierlich erklären, dass sie nie wieder diese Bücher lesen würden, wieder andere bekamen sogar noch Nesthäkchen-Bücher geschenkt, weil sie sich im Rahmen des BDM Verdienste erworben hatten. Einige Frauen berichten, dass die Mütter ihnen ganz verstohlen die Bücher aushändigten oder daraus vorlasen, sie aber ermahnten, den Besitz und das Lesen der Bücher nicht nach außen dringen zu lassen. Auch sollen Nesthäkchen-Bücher und Bände von Professors Zwillingen noch nach 1935 in Buchläden verkauft worden sein.

Alltag in Berlin 1935. Kaiserdamm. Else Ury ist 57 Jahre alt. Man kennt ihre Bücher, ihre Radiogeschichten. Und jetzt das: Jüdin soll sie sein. Hat das jemand gewusst? Das hat niemand geahnt. Sie sieht auch nicht so aus. Oder doch? Wenn man ganz genau hinsieht, dann ist das nicht von der Hand zu weisen. Sie ist nicht blond, aber sehr klein, und eine starke Nase hat sie auch. Doch ihre Heldinnen sind alle immer sehr blond gewesen, besonders das Nesthäkchen, die Annemarie Braun. Also, was es alles gibt! Else Ury – eine Jüdin. Nicht zu fassen! Sie ist aus der Reichsschrifttumskammer ausgeschlossen.

Der Dr. Goebbels scheint sie nicht zu mögen. Da muss man vorsichtig sein. Die Zeiten sind kompliziert, und man kann ja nie wissen. Wegg ucken sollte man auch nicht. Aber auf sie zugehen wie früher, das muss nicht sein. Heute haben die Wände Ohren und das Straßenpflaster Augen. So wird man 1935 in Berlin geredet haben. Es war die Kontaktvermeidung unter Zwang, die Abwendung der Mehrheit von der Minderheit, ein Antisemitismus des Weggucken, der die folgenden Verbrechen erst möglich werden ließ.

Station 2
Der Neffe Klaus geht ins Exil

1935 Reichsbürgergesetz in Nürnberg erlassen.
Juden sind Staatsangehörige minderen Rechts. Die rassische Definition der Juden erklärt alle zu Semiten, die drei oder vier jüdische Großeltern haben. Als Mischling gilt, wer nur zwei jüdische Großeltern hat, aber sich zur jüdischen Religion bekennt (Geltungsjude), und alle, die einen jüdischen Ehepartner haben. Ohne Ariernachweis ist eine Immatrikulation an einer deutschen Universität unmöglich.
Das Gesetz zum Schutze des deutschen Blutes und der deutschen Ehre verbietet Ehen zwischen Deutschen und Juden und stellt jeden zwischengeschlechtlichen Kontakt unter Strafe. Zur Verhinderung von ›Rassenschande‹ dürfen in jüdischen Haushalten keine weiblichen, ›arischen‹ Angestellten unter 45 Jahren beschäftigt sein.

Bis zur Abfahrt von Klaus nach London, kurz nach seinem Abitur, lief das Leben noch fast normal. Das war 1936. Man hörte von Willkürmaßnahmen, die den Alltag bedrohlich machten, Verhaftungen, einfach von der Straße weg, ohne dass Frau und Kinder von ihrem Mann und Vater erfuhren, Enteignungen und Demütigungen, die man früher nicht für möglich gehalten hatte. Es gab Berufseinschränkungen und Existenzvernichtungen, die ungeheuerlich waren. Aussonderung in jeder Selbstverständlichkeit des Alltags. Zwar fiel Bruder Ludwig unter eine ›Ausnahmeregelung‹, doch kamen seitdem nicht mehr so viele Klienten in seine Kanzlei. Jahrelang vertraute Patienten kamen nachts durch die Hintertür zu Hans in die Praxis. Schilder an Geschäften und Restaurants tauchten auf: ›Juden unerwünscht‹. Sogenannte Judenbänke, gelb gestrichen, wurden in den Parks aufgestellt und niemand setzte sich drauf. Alte Bekannte und Freunde grüßten auf der Straße nicht mehr, kamen nicht einmal mehr zu den Geburtstagen in die Wohnung, wechselten auf die andere Straßenseite, wenn ein Ausweichen unmöglich war. Und Else Ury wird mit verzeihendem Lächeln die Freunde ermuntert haben, sie auf der Straße nicht zu beachten, weil das doch nur unnütze Schwierigkeiten brächte. Bitter weh wird ihr diese Ausgrenzung und Isolierung getan haben. Aber die Freunde und Bekannten werden sich gern an ihre verständnisvolle Empfehlung gehalten haben. So machten die deutschen Juden es der Mehrheit meist leicht, an ihrer totalen Absonderung mitzuwirken. Bei befreundeten Familien mussten die Hausmädchen gehen, weil ›Arische‹ unter 45 Jahren nicht bei Juden arbeiten durften. Rassenschande! Ein empörendes Wort. Diese staatshoheitlich verordneten Beleidigungen und Demütigungen kränkten sehr und machten die Urys und mit ihnen die vielen unpolitischen Menschen im Innersten schutzlos gegenüber einer nie geahnten Brutalität im Alltagslebens. Else Ury wurzelte nicht mehr tief in der jüdischen Glaubensgemeinschaft, ihre Verankerung und Liebe zur deutschen Kultur als ihrer eigenen machte sie heimatlos, bevor sie gänzlich aus Deutschland ausgetrieben war. Widerspruch bestimmte nicht ihr Denken, Widerstand war nie ihre Reaktionsform auf die öffentlichen Angelegenheiten gewesen. Else Ury war in ihrem Leben auf Harmonie und Anpassung gestimmt. Sie wird die Gegnerschaft eines ganzen Staates gegen ihre (Un-)Person als tiefe Kränkung und Verunsicherung erlebt haben.

Die Rassengesetze verfolgten gnadenlos das Ziel, den Juden ihre Mitgliedschaft in der deutschen ›Volksgemeinschaft‹ unmöglich zu machen und sie zu Ausländern in Deutschland zu stempeln. Die besten unter den deutschen Künstlern waren aus Theatern, Orchestern und Filmstudios entlassen. Goebbels verfolgte kompromisslos jeden jüdischen Künstler mit aller Härte. Er hatte ein klares Ziel: jüdische Kultur zur Gettokultur degradieren. Nur im Jüdischen Kulturbund, unter strengster Aufsicht der Gestapo, durften die entlassenen Künstler noch auftreten. Der Mitgliedsausweis des Kulturbundes verbot ›Ariern‹ den Eintritt zu den Veranstaltungen. Die Juden sollten erzwungenermaßen unter sich bleiben. Anfangs noch als Selbsthilfe- und Notorganisation für die arbeitslosen Künstler gegründet, wurde der Jüdische Kulturbund dann als Getto jüdischer Kultur missbraucht und die Veranstalter streng verpflichtet, ›keine deutsche Kultur‹ in ihr Programm aufzunehmen. Auch ein naher Verwandter von Else Ury, der bereits erwähnte Heinz Wallenberg, war eng mit der Arbeit des Jüdischen Kulturbunds verbunden. In den 1990er Jahren schrieb er aus seinem Exil in Bogotà, er habe für jüdische Zeitungen fast alle Theatervorstellungen des Kulturbundes besucht und Zeichnungen gemacht, die mit den Rezensionen der Stücke abgedruckt wurden. Heinz Wallenberg war ein bekannter Grafiker, der auch im Exil großen Erfolg hatte. Sein Nachlass befindet sich inzwischen in Berlin. Else Ury erlebte im Theater des Jüdischen Kulturbundes in der Kommandantenstraße manch unvergesslichen Abend: *Nathan der Weise* mit Kurt Katsch in der Hauptrolle, Shakespeare-Aufführungen, Opern, Konzerte mit großartigen Interpreten. Für kurze Zeit konnte man die Schmähungen vergessen, große Künstler erleben, hervorragende Inszenierungen genießen. Doch schon auf dem Heimweg kroch die Angst wieder hoch, die ab jetzt jeden Weg nach draußen begleitete.

In der Familie Heymann wuchsen die Schwierigkeiten. Im Gegensatz zu den Urys führte hier die offen diskutierte Frage, ob und wohin man auswandern solle und wann der richtige Zeitpunkt sei, zu heftigen Kontroversen. Die zweitälteste Tochter Heymann, Ilse, fügte sich nicht den Anordnungen des Familienoberhaupts, ging ihre eigenen Wege, auch politisch. Sie schloss sich den Zionisten an, bereitete sich in einem Kurs auf die Arbeit in der Landwirtschaft in Palästina vor und beantragte ein Zertifikat für das Land unter englischer Mandatsregierung. Wie viele andere junge Juden ging auch sie für die Einreise nach Palästina eine Scheinehe mit einem jungen Zionisten ein. Für die jungen Auswanderer war das ein selbstverständlicher Akt des Schutzes, für die Eltern Heymann glich es einer Katastrophe. Klaus Heymann berichtet, dass die Abreise seiner Schwester im Februar 1935 in düsterer Stimmung stattfand. Die ganze Familie war zum Abendbrot im ›Haus Vaterland‹ am Potsdamer Platz versammelt. Kurz vor 12 Uhr brachten sie die Tochter zum Anhalter Bahnhof, wo der Zug nach Triest abging. Zum Abschied soll Vater Heymann in völliger Verkennung auch seiner eigenen Lage der Tochter gesagt haben: »Wenn es dir nicht gefällt, kannst du ja immer zu uns zurückkommen.« Hugo Heymann war ein Patriarch, durch und durch preußisch und national gesinnt. Da er trotz seiner rassischen Zugehörigkeit noch einige Male als Baurat gebraucht und sogar gerufen wurde, das Jagdschloss von Hermann Göring, Karinhall, nach einem Brand zu begutachten, fühlte er sich durch solche Anforderungen von höchster Stelle geschützt und bestätigt. So fuhr er 1935 ganz unbeschwert mit seiner Frau Käthe in den Urlaub nach Italien. Unterdessen fand der Nürnberger Parteitag der NSDAP statt und sehr bald danach wurden die ›Rassengesetze‹ verkündet. Klaus Heymann war allein zu Haus, als er den ›gelben Brief‹ in Empfang nehmen musste: die Entlassung seines Vaters aus dem Amt. »Sie haben kein Recht, jemals wieder ihr Amt, ihr Büro zu betreten, und Sie werden mit Ablauf des Jahres 1935 in den Ruhestand versetzt.« Eine Pension wurde noch gezahlt, aber die finanzielle Einbuße war groß. Von 850 Reichsmark ging es auf 411 Mark im Monat hinunter.

Sorgen machten nunmehr die Zukunftsaussichten der Jugend. Sie hatten keine Chance in Deutschland mehr. Sie mussten raus, kostete es, was es wolle. Und es kostete viel. Die Alten schränkten sich ein, lebten bescheiden. Der nationalsozialistische Staat bediente sich gierig der Konten derer, die das Land zu verlassen gezwungen waren. Reichsfluchtsteuer nannten sie den Raub. Aber die Jugend musste gehen. Fritz Ury war bereits seit langem in London etabliert. Auch Klaus Heymann wollte nach London. Er machte gerade am Grunewald-Gymnasium das Abitur. Die meisten Lehrer verhielten sich dort noch anständig. Sie waren nicht dem Rassenwahn verfallen, hielten die humanistische Bildung hoch. Aber einige wurden schon ausfällig, kamen in Uniform zur Schule, ließen die jüdischen Jungen spüren, dass sie nicht gern gesehen waren, drangsalierten und beleidigten sie. Auch solche von der Hitler-Jugend gab es, manche von den Eltern hineingezwungen, andere, die gern hingingen. Sie hatten wenig im Kopf, aber alles in den Fäusten. Nach dem Abitur im März 1936 wurde Klaus Heymann mitgeteilt, dass er bei der Abschlussfeier in seiner Schule ›nicht erwünscht‹ sei. An ein Studium in Deutschland war ohne Ariernachweis nicht mehr zu denken. Wer von den Jungen eine Zukunft haben wollte, musste das Land verlassen. Gerade jetzt, wo der Sohn für London ausgestattet werden musste, waren die Bezüge von Hugo Heymann empfindlich gekürzt. Auch das alltägliche Leben in London würde teuer sein. Tante Else versprach, ihren Beitrag zu leisten und regelmäßig Geld auf das Londoner Konto zu überweisen. Unter großen Schmerzen, aber auch mit der Hoffnung auf eine Zukunft, wurde der geliebte Neffe verabschiedet. Noch sprach man bei ihm nicht von ›Exil‹, noch konnte er in den Ferien nach Hause kommen. Das Weihnachtsfest 1937 war das letzte, das sie gemeinsam feiern konnten. Immer häufiger hieß es jetzt Abschied nehmen. Noch wussten sie nicht, dass es meist ein Abschied für immer war.

Zu dieser Zeit entfaltete Else Ury neue Aktivitäten, um ›die Jugend‹ zu unterstützen. Sie ging daran, ihr Schulenglisch aufzufrischen und einige ihrer Märchen und Erzählungen ins Englische zu übersetzen. Sie hatte sich gedacht, dass es günstig wäre, zusätzlich zu den erworbenen englischen Staatspapieren, in London eine direkte Geldquelle für ihren Neffen zu haben. Mit regelmäßigen Einkünften aus verkauften Büchern wäre das Studiengeld für ihn wesentlich besser abgesichert. Und damit hatte sie recht. Am 10. Juni 1938 konnte sie zum letzten Mal Geld nach London schicken. Danach verbot die NS-Regierung jeden Geldtransfer von Juden ins Ausland. Sie kaufte sich eine Schreibmaschine und ging mit bewundernswerter Disziplin daran, die Märchensammlung *Goldblondchen* ins Englische zu übertragen. Eine Freundin half ihr manchmal beim Übersetzen. Das Ergebnis soll – verständlicherweise – nicht besonders überzeugend gewesen sein. Jedenfalls ist in England trotz Bemühens keine Ausgabe ihrer Märchen veröffentlicht worden. In einem Brief vom November 1938 fragt sie bei ihrem Neffen nach: »Klaus, ich wollte noch mal an Mr. Swiften schreiben, wie er über die Herausgabe meiner Märchenbücher denkt. Die sind doch interessanter. Ich würde ihm die geeigneten aus Sonntagskind und Goldblondchen zusammenstellen. Von der Filmgesellschaft habe ich noch keine Antwort. Wird wohl nichts sein.« Offensichtlich war ein Kontakt zu einem Verlag zustande gekommen, aber das Resultat war negativ. Anders in Norwegen. Aus der Germanistik-Abteilung der Gesamthochschule Østfold in Halden kam die Nachricht, dass die ersten vier Nesthäkchen-Bände im Verlag N. W. Damm & Son (Oslo) wahrscheinlich zwischen 1937 und 1939 erschienen sind, in Schweden wurde schon früher *Das Ratstöchterlein von Rothenburg* übersetzt.

Als Klaus Heymann 1936 Berlin verließ, schmückt sich die Stadt gerade für die Olympiade. Die hässlichen Schilder an den Parkbänken und Geschäften verschwinden für eine Weile. Das Ausland soll keinen Anlass zur Kritik haben. Mancher jüdische Bürger dachte schon, das Schlimmste sei überstanden, die anfänglichen Überspitzungen wären vorbei, man hätte wieder eine Zukunft und das Leben ginge nun doch wieder seinen normalen Gang. In den Reden, den Zeitungen, den Radioberichten kamen die Juden einfach nicht mehr vor. Da schwärmten die neuen Machthaber von dem gigantischen nationalen Aufbauwerk, das das deutsche Volk zusammengeschmiedet hätte, von seinen unnachahmlichen Leistungen und dem großen Friedenswunsch der Deutschen. Sie beschworen die anderen europäischen Mächte, Deutschland die Früchte seiner Arbeit ohne Neider von außen verzehren zu lassen. Und Else Ury wird trotz der Bitternis, die ihr die letzten

Jahre zugefügt haben, diesen beruhigenden Worten Glauben geschenkt haben. Ähnlich den vielen ausländischen Gästen Berlins, wird sie staunend das reichhaltige Warenangebot, die sauberen Grünanlagen, die fantastischen Sportanlagen und die höflichen Polizisten auf den Straßen erlebt haben. Es ist ein Rausch des Organisierens. Willkür und braune Horden sind vergessen. Man möchte glauben, die Jugend der Welt trifft sich friedlich in Berlin und erprobt sich in sportlichen Wettkämpfen. Auch das zahlreiche Gold für die deutschen Athleten wird Else Ury begeistert haben. Noch ist sie nicht gänzlich aus Deutschland ausgetrieben. Noch möchte sie die Illusion, dazu zu gehören, nicht aufgeben. Kaum sind die Sportanlagen freigeräumt, die ausländischen Reporter in ihre Heimatländer zurückgefahren, beginnt die antijüdische Hetze von neuem.

Assimilation hieß einst das Zauberwort der gebildeten Juden in Deutschland. Die Verfassung von 1871 hatte ihnen gleiche Rechte garantiert. Die wirtschaftliche und kulturelle Anpassung an die christliche Mehrheitsgesellschaft schien eine Zeit lang erfolgreich zu verlaufen. Mit ihren Kinderbüchern hatte Else Ury nicht unbeträchtlich zur kulturellen Assimilation beigetragen. Jetzt aber war diese Art Anpassung nicht mehr gefragt. Im Gegenteil. Assimilation galt als der ärgste Feind der Rassenideologie der Nationalsozialisten. Die jüdischen Bürger sollten durch alle erdenklichen Zwangsmaßnahmen, Schikanen und Gewaltaktionen dazu gebracht werden, sich als unerwünschte Minderheit zu fühlen und Deutschland für immer zu verlassen.

Im Sommer 1937 traf Else Ury erneut tiefes, persönliches Leid. Ihr geliebter Bruder Hans nahm Tabletten und starb. Er war 64 Jahre alt und hatte häufig an depressiven Zuständen gelitten, die unter dem Druck des Naziterrors weiter zunahmen. Wie kein anderer in der Familie hatte er hellsichtig die Brutalität der Nazis vorausgesehen und schon zur Zeit des Hauskaufs in Krummhübel gedrängt, die Zelte in Deutschland abzubrechen und in die Schweiz zu ziehen. Aber die Familie, allen voran seine Schwester Else, hatte ihn immer wieder beruhigt und zum gemeinsamen Bleiben bewegt. Auch trieb ihn die Angst zu erblinden in den Selbsttod. Ein Versuch war fehlgeschlagen, er kam kurzzeitig in eine Nervenheilanstalt, später zurück in seine Wohnung. Aber er sah keinen Sinn mehr im Leben und beendete es schließlich. Bruder und Schwester hatten sich sehr geliebt. Ihre Lebensmuster waren auf das engste miteinander verwandt. Beide unverheiratet, ein interessanter Beruf, der Familien- und Freundeskreis, gemeinsame Reisen und Erfahrungen. Else Ury wird sich nach dem Verlust des Bruders einsamer und schutzloser gefühlt haben. Später, im November 1938, schrieb sie dennoch tröstlich ihrem Neffen Klaus nach London über ihren 61. Geburtstag: »Die größte Freude hat mir Vater gemacht. Ich weiß nicht, ob er Dir geschrieben hat, dass er Onkel Hans' Bild, das früher in Krummhübel hing, vergrößert hat und es aquarelliert hat. Es ist ganz fabelhaft geworden. Direkt sprechend ähnlich. Der Ausdruck in den Augen und das Hautkolorit – ich hätte nie gedacht, dass man überhaupt ein so gutes Bild von Jemand herstellen kann. Weißt Du, Klaus, ich stehe jetzt auf dem Standpunkt, dass es für Onkel Hans tausendmal besser ist, dass er es nicht erlebt hat, dass man ihm die Approbation aberkannt hat.« Sie meinte, dass den jüdischen Ärzten im Juli 1938 die Fähigkeit abgesprochen wurde, Ärzte zu sein. Der Eisenring um jedes jüdische Leben in Deutschland wurde von Monat zu Monat enger. Dr. Hans Ury, Facharzt für Magen- und Darmkrankheiten, hatte im Testament eine Feuerbestattung gewünscht. In der jüdischen Gemeinde hatte es schon früher zu dem Thema heftige Auseinandersetzungen gegeben, da diese Art Bestattung für orthodoxe Juden nicht mit dem Religionsgesetz vereinbar war. Auf dem jüdischen Friedhof in Weißensee, weit ab von den Erdbegräbnissen, wurde 1926 ein Feld für Urnengräber freigegeben und eine besondere Trauerhalle errichtet. In dem Urnenfeld erinnert noch heute eine flache Gedenktafel, von Efeu fast ganz überwuchert, an den beliebten Arzt.

Der Nationalsozialistische Lehrerbund propagierte im Laufe des Jahres 1937, gemäß einem Erlass des Reichserziehungsministers, die Säuberung des Altbestands der Schulbüchereien. Das betraf, neben Else Ury, Autoren wie Leonhard Frank,

Heinrich Heine und Franz Werfel. Die Jugendschriftenwarte, nunmehr ausgerichtet auf die nationalsozialistische Erziehungsideologie, kämpfte jetzt verstärkt gegen »die Zersetzung des deutschen Geistes durch jüdisches Gift«.

Station 3
Aus Else Ury wird Else Sara Ury

März 1938: Kultstätten der Juden wird der staatliche Schutz entzogen.
April: Sämtliche Vermögen von Juden müssen bei den Behörden angezeigt werden.
Juni: Verhaftung von 1500 Juden in Berlin. 146 Juden werden in Buchenwald umgebracht.
Juli: Juden werden in ›Verkehrsfallen‹, d. h. polizeilichen Kontrollen an Ampeln usf. verhaftet und tagelang festgehalten.
August: Zwangsvornamen Sara und Israel als Zweitnamen verordnet.
September: Juden ist der Beruf des Rechtsanwalts verschlossen. Sie müssen sich ›Konsulent‹ nennen und dürfen lediglich ›zur rechtlichen Beratung von Juden‹ auftreten.
Oktober: Gesetz zur Kennzeichnung der Reisepässe: in alle jüdischen Pässe wird ein ›J‹ eingestempelt.
9. November: Pogromnacht als angebliche Rache für die Erschießung des Legationsrats vom Rath.
12. November: Verpflichtung zur Beseitigung aller Schäden der Pogromnacht durch die Juden selber, Auferlegung einer Sondersteuer in Höhe von einer Milliarde Reichsmark.
Dezember: Verbot des Besuchs von Theater, Zirkus, Konzert, Kino, Schwimmbad, Park und Wald für Juden.

Im April 1938 konnte Else Ury nach London fahren und ihre Neffen Klaus Heymann und Fritz Ury besuchen. Sie freute sich sehr auf die Reise. Ihre Schwester Käthe wäre liebend gern mitgefahren, hätte endlich ihren Sohn wiedersehen können, aber sie brachte es nicht übers Herz, ihren Mann so lange allein zu lassen. Unterkunft fand Else Ury bei Fritz Ury, der bald seinen Vater Ludwig, den Rechtsanwalt, nach London holen wird, weil in Berlin jede Existenzmöglichkeit für ihn vernichtet ist. Eine Woche war Else Ury in London. Von dieser Reise existiert ein Bild: Else Ury und Klaus Heymann an der Tower-Bridge of London.

Else Ury mit ihrem Neffen Klaus Heymann
an der Tower-Bridge in London, 1938.

Ein Schnappschuss. Da geht die kleine Frau, mit Hut und Mantel, die Handtasche an sich gedrückt, und neben ihr, entschlossenen Schrittes, der Neffe, zwei Köpfe größer. Er hat sie locker untergehakt. Die berühmten Plätze, von Bildern und Filmen lange vertraut, die lärmende Stadt mit ihrer freundlichen Gleichgültigkeit gegenüber Fremden werden ihr gefallen haben. Hier gibt es keine Schilder, die ›unerwünscht!‹ signalisieren, hier gibt es keine Braunhemden, keine Monumentalarchitektur und keine Ausstellungen mit dem diffamierenden Etikett ›entartete Kunst‹, keine schrillen Propagandatöne und Hetztiraden. Hier lebt ein Vielvölkergemisch von Menschen, die aneinander vorbei eilen und in der Weltstadt ihren Alltagsgeschäften nachgehen. Sogar einen Verleger für ihre Bücher suchte Else Ury auf, hatte aber keinen Erfolg mit dem Verkauf ihrer Geschichten. Der Kurzbesuch bei den Neffen linderte Else Urys Sorgen. Beruhigt konnte sie zurückreisen, die Jugend kommt zurecht. Sie hat sich in der Fremde arrangiert, weiß zu leben, studiert fleißig und hat wieder eine Zukunft.

Völlig anders sah es in Deutschland aus. Eine judenfeindliche Maßnahme jagte die nächste. Was die Verordnung, den Zweitnamen Sara in die Pässe eintragen zu lassen, für Else Ury mit ihrer alten kranken Mutter bedeutet hat, ist nicht schwer vorzustellen. Sie mussten beide zum Einwohnermeldeamt gehen, Abteilung Judenregistration. Dort würden die Leidensgenossen in langen Schlangen aufgereiht stehen. Endlos würden sie stehen und warten müssen, bis sie schließlich unter den üblichen Beschimpfungen und Beleidigungen der Beamten ihre erzwungene Neuerung im Pass eingetragen hatten. Mutter Ury aber konnte den Weg bis zum Amt nicht alleine laufen. Ein Wagen, der eine alte Jüdin zu fahren bereit war, musste erst gefunden werden. Oder sollte Else Ury ein ärztliches Attest besorgen, dass ihre Mutter vom Gang ins Amt befreite? Jüdische Ärzte durften keine Atteste ausstellen. Welcher nichtjüdische Arzt war bereit, diese Hilfe zu leisten? Ungezählte Schwierigkeiten im Alltag, bis diese erneute Schikane bewältigt war. Aus Else Ury wurde die amtlich registrierte Jüdin ›Else Sara Ury‹.

Im November 1938, wenige Tage vor dem Pogrom, schrieb sie an ihren Neffen: »Froh bin ich, dass ich London noch kennengelernt habe. Jetzt wäre es damit Essig.« Und mit einem Lebensmut, der staunen lässt, schreibt sie sogar: »Ich finde die Gegenwart auch interessant, wenn es ein Film wäre. (…) Man gewöhnt sich hier, nur dem Augenblick zu leben.« Im selben Brief vom 4. November, wenige Tage nach ihrem Geburtstag, heißt es weiter: »Wir merken doch die intensive Erholung (gemeint ist der Urlaub in Krummhübel, MB). Man hat Abwehrkräfte gegen vieles durch die Stärkung (…) Ich erhielt aus allen Weltteilen Post. Aus Gratulanten werden Briefe. Trotzdem waren wir nachmittags so nach und nach zwanzig Personen. Heinz und Kurt als einzige Vertreter der Jugend (…). Neulich waren wir zum Abschiedszusammensein bei Dr. Löwenstein (…). Wenn man heute gesellig in einem Kreise sitzt, hat man das Gefühl, sich in einem Wartesaal zu befinden. Jeder hat ein fernes Ziel vor sich und spricht von Ausreise. Es fehlt der ruhende Punkt im Wirbel des Geschehens. Am Vorabend meines Geburtstages hatten wir eine fabelhafte Rigoletto-Aufführung im Kulturbund. In diesem Monat wird ein englisches Lustspiel gegeben.«

In der Nacht vom 9. auf den 10. November beginnt gegen ein Uhr nachts in Berlin der Pogrom, nachdem Fachleute zuvor die jüdischen Hauptgebäude isoliert haben. Telefonleitungen wurden abgeschnitten, die Strom- und Heizungsanlagen abgestellt und der Verkehr von den ›neuralgischen Punkten‹ durch die Polizei umgeleitet. Tobende Gruppen bewerfen die jüdischen Geschäfte mit Pflastersteinen und holen aus den Schaufenstern alle Gegenstände, die als Geschoss dienen können. Sieben große Synagogen der Hauptstadt stehen in Flammen, darunter die in der Fasanenstraße, wohin Oberkantor Davidsohn eilt, um daraus zu retten, was noch zu retten ist. »›Warum spritzen Sie nicht?‹, ruft er dem Feuerwehr-Hauptmann zu, der mit seinen Leuten mit leeren Schläuchen dasteht. ›Was wollen Sie denn hier?‹, erwidert dieser. ›Sie werden hier nur totgeschlagen.‹ ›Ich war hier in dieser Synagoge 27 Jahre tätig.‹ ›Tut mir leid, aber ich kann Ihnen nicht helfen. Wir sind nur hier, um die Nebenhäuser zu schützen.‹ ›Um Gottes Willen, ich möchte wenigstens noch das Nötigste herausholen.‹ Doch plötzlich hört er Schläge und sieht den Synagogenpförtner Wolfsohn im Hemd in den Hof laufen. Da er sich weigert, die Schlüssel auszuhändigen, wird er bis aufs Blut geprügelt. Dann werden die Tore des Gebethauses eingeschlagen, die Orgel mit 78 klingenden Registern über die Brüstung geworfen und die vor dem Altar stehenden Bronzegegenstände in Stücke geschlagen. Der Schrank, der dem Kantor Davidsohn gehört, wird aufgebrochen, sein kostbarer Talar und die Gebetbücher, darunter das seiner Mutter, werden entzweigerissen. SA- und SS-Männer kommen mit Kanistern und übergießen alles, was aus Holz ist, mit Benzin, sodass nun auch das Innere der Synagoge lichterloh brennt. ›Ich wollte hinein‹, erklärte Davidsohn, ›wurde aber festgehalten. Bis 5 Uhr früh stand ich dabei, dann rückte die Feuerwehr ab, das Feuer verglimmte und ich sagte: Kaddisch.‹« (Kaddisch ist das jüdische Totengebet.)

Ruth Andreas-Friedrich, eine mutige Journalistin und entschiedene Hitler-Gegnerin, berichtet in ihrem Tagebuch *Der Schattenmann*: »Berlin. Freitag, 11. November 1938: Sie haben sie alle weggeschleppt. Alle jüdischen Männer, deren sie habhaft wurden, nicht nur in Berlin, sondern im ganzen Reich. Ohne Haftbefehl (...). Am Nachmittag besuche ich Liesel Hirschberg. Sie sitzt, vor Kummer versteinert, auf einer umgestürzten Truhe, inmitten von Scherben und Trümmern. Gestern Nachmittag haben zwei Kriminalbeamte Kurt abgeholt, sagt sie mit leeren Augen. Er durfte nicht einmal mehr seinen Hut aufsetzen. Eine Stunde später klingelte es an der Tür. Als ich öffnete, dringen zehn Rowdies herein, fragen: Wohnt hier der Jude Hirschberg? Ich bringe kein Wort heraus, nicke nur mit dem Kopf. Dann geht es los. Wie Vandalen haben sie gehaust. Mit einem Griff das ganze Silber vom Büfett gefegt, die Bücherregale umgeworfen, die Wäsche aus dem Schrank gezerrt. Unsere hölzerne Madonna haben sie mit der Axt zerhackt, auf dem Dürerschen Kupferstich sind sie herumgetrampelt, haben Kurts kostbare Holzschnittsammlung ins Küchenfeuer geworfen. Dreißig Minuten dauerte der Spuk. (...) Mittwoch, den 4. Januar 1939: Er ist da. Er ist da! Zwei Stunden später sitzen wir an Kurt Hirschbergs Bett. Der Arzt hat ihm Kopf und Arme verbunden. Zwischen den weißen Binden sieht sein geschorener Schädel wie eine wächserne Maske aus. Ist es sehr schlimm gewesen? – Schlimm, kommt es aus dem Kissen, schlimm, wenn man fünfzehn Stunden in Reih und Glied stehen muß. In Kadern zu Dreihundert. Aufgepflanzt wie preußische Rekruten. Hut in der Hand. Wertsachen im Hut. Fünfzehn Stunden ohne zu essen, ohne zu trinken. Ohne ein einziges Mal aus der Reihe zu treten. Drei sind gestorben in dieser Nacht. An Herzkrämpfen. An Harnversetzung. Schlimm ... schlimm ... sehr, sehr schlimm. Schlimm, wenn man in übervollen Baracken liegt. Auf der Erde zusammengepackt, wie in einer Ölsardinenbüchse. Dreht sich einer um im Schlaf, müssen hundertfünfundsiebzig sich mit ihm drehen. Das Strohlager raschelt. Neben dir ächzt der Kamerad. Hundertfünfundsiebzig Menschen, Knie an Knie. Arm an

Arm. Du schläfst nicht, du wachst nicht, du liegst wie benommen. Schlimm ... schlimm, trostlos schlimm. Schlimm, wenn sie einen zwingen, froststarr die Glieder, Verzweiflung im Herzen, sentimentale Lieder zu singen: ›Schwarzbraun ist die Haselnuss, schwarzbraun bist auch du.‹ Man hat keinen Mantel. Man hat keine Handschuhe. Der Kopf ist geschoren. Man steht in der Kälte. Man friert und man singt: ›Schwarzbraun ist die Haselnuss‹. Schlimm, wenn sie im Lustrausch ihrer Macht ihr Mütchen an dir kühlen. Faust in die Fresse. Gewehrlauf zwischen die Beine. Hoppla! Verfluchter Jude! Wer nicht pariert, wird an rückwärts gefesselten Armen aufgehängt. In den Stehkamin gesperrt. Geprügelt, geschunden, gerüttelt, bis ihm die Zähne aufeinanderschlagen. Wir haben gefroren, wir haben pariert, wir haben stramm gestanden, als man neben dem brennenden Christbaum zwei unserer Kameraden am Galgen aufknüpfte. Wir haben ›Schwarzbraun ist die Haselnuss‹ gesungen. ›O Tannenbaum‹ und ›Aber der Wagen rollt.‹ Wir haben, weil wir uns Zeitungspapier unter das Hemd stopften, um nicht ganz zu erstarren, zur Strafe zwei Stunden vor dem Tor gestanden. Hände an der Hosennaht. Nackte Hände in achtzehn Grad Frost. Wir haben ... Er bricht ab. Schlimm, wenn man nicht weinen kann. Schlimm, schlimm, unausdenkbar schlimm, wenn ... wenn man kein Mensch mehr ist. Er sagt es ohne Pathos. Er sagt es ohne Zorn. Als ob er eine naturwissenschaftliche Entdeckung registriert.«

Zu den unzähligen perfiden Maßnahmen der Machthaber gehörte nach dem November-Pogrom auch der Zwang, sofort die Veranstaltungen des Jüdischen Kulturbundes wieder aufzunehmen. Der Beauftragte des Ministeriums, Hinkel, teilte der Leitung unter Androhung von Zwangsmaßnahmen mit, sie müssten innerhalb von wenigen Tagen die Räume des Kulturbundes wiederherstellen und das vorgesehene Programm (es war das in Else Urys Brief erwähnte englische Lustspiel *Regen und Wind*) durchführen. Die jüdischen Veranstalter, die selbstverständlich aus Trauer über die Opfer der Pogromnacht alle Vorführungen abgesagt hatten, mussten reagieren. Mutig forderten sie, dass zweihundert der verhafteten Glaubensbrüder freigelassen würden, unter ihnen namhafte Künstler, andernfalls könnten sie nicht arbeiten. In eitler Selbstherrlichkeit gewährte das Büro Hinkel bei der Reichskulturkammer die Freilassung einiger Verhafteter. »Keine zwei Wochen nach dem Pogrom, am 22. November, ging im Theater der Vorhang wieder auf, so als ob nichts geschehen wäre. Die Schauspieler waren da, die Garderobieren liefen hin und her, nur eines fehlte: das Publikum. Der Saal war gähnend leer. Ein paar Frauen saßen da, ein paar ältere Menschen und natürlich zwei Herren mit Aktenmappen unter dem Arm, die Delegation der Gestapo.« Ein Gutes hatte die bizarre Aufführung. Noch ehe der Vorhang sich hob, waren alle Angehörigen des Kulturbundes freigelassen. Die nationalsozialistische Strategie der Gettoisierung der deutschen Juden auf allen Gebieten sollte nicht unterbrochen werden, auch nicht nach der ›Nacht der langen Messer‹, wie die Pogromnacht großmäulig in SA-Kreisen genannt wurde.

Die besorgte Verwandtschaft im Ausland fragte nach, was den Urys und Heymanns in der Pogromnacht geschehen sei. Hugo Heymann beruhigte mit einer Karte: »Wir sind gesund. Urys auch.« Überliefert ist, dass die Wohnung der Urys am Kaiserdamm und die der Heymanns in der nahe gelegenen Westfälischen Straße tatsächlich von den Brutalitäten der SA verschont blieben. Doch war nach der Pogromnacht für jeden unmissverständlich klar, zu welchen Schandtaten und Grausamkeiten das Hitler-Regime fähig war. In der zynischen Bezeichnung ›Reichskristallnacht‹, die einzig auf die Zerstörung von Luxusgütern der Reichen und nicht auf die Ermordung und Peinigung von Menschen hinweist, zeigte sich ein weitverbreitetes Missverständnis über den 9. November auch unter gutwilligen nicht-jüdischen Bürgern: Sie empörten sich über die Zerstörung von Sachwerten, bezeichneten sie als sinnlos und abscheulich. Die jüdischen Menschen aber haben diese Nacht als direkte Bedrohung ihres Lebens erfahren müssen. Viele begriffen jetzt mit ganzer Wucht die unhaltbar gewordene Situation. Eine Massenfluchtwelle aus Deutschland setzte ein. Doch die Möglichkeiten der Auswanderung für die gejagten Juden wurden immer geringer.

Vielleicht hätte Else Ury mit viel Geld noch einen Unterschlupf in einem europäischen oder außereuropäischen Land gefunden. Wenn sie gewollt hätte. Doch standen die konkreten Verhältnisse dagegen. Es gab keinen nahen Verwandten, der sie ›anfordern‹ konnte, wie das Fritz für seinen Vater Ludwig und die Heymann-Tochter Lisbeth für ihre Eltern nach dem 9. November taten. Da zählten nur Verwandte ersten Grades. Bis auf England, das sein Kontingent erlaubter jüdischer Einreisen nach der Pogromnacht erhöhte, waren die anderen Länder nicht bereit, noch mehr jüdische Auswanderer aufzunehmen, zumal die Juden durch die massive Enteignungswelle der NS-Regierung oft nicht mehr wohlhabend und häufig nicht einmal in der Lage waren, die hohen Kosten einer Ausreise zu bezahlen. Auch die geforderten Garantien für den zukünftigen Lebensunterhalt im Ausland konnten viele aufgrund der Devisenausfuhrbestimmungen nicht mehr geben. Außerdem war da die kranke, alte Mutter, die auf ihre Tochter angewiesen war. Die Pflegerin, Fräulein Lina, half täglich bei der Versorgung, aber Else Ury konnte und wollte ihre 91 Jahre alte Mutter auf keinen Fall im Stich lassen. Viele unverheiratete Jüdinnen sind aus ähnlichen Gründen nicht ins Exil gegangen. Ihre Kindespflicht – die Pflege der alten Eltern – stand im Vordergrund, selbst als ihr Leben schon direkt bedroht war. Aus nächster Nähe erlebte Else Ury die riesigen Probleme, die die Ausreise ihrer geliebten Schwester Käthe mit ihrem Ehemann Hugo Heymann bedeutete. Jedes Möbelstück musste geschätzt, jedes Haushaltsgerät nach dem Datum seines Erwerbs taxiert werden. Manches Mal kam die Schwester den Tränen nahe und berichtete von einer erneuten Demütigung durch die Auswanderungsbehörden. Das konnte und wollte sich Else Ury nicht antun. Und dann gab es bei Else Ury, und nicht nur bei ihr, einen Grad des Hierhergehörens, des Verwurzeltseins in Deutschland, der jeden Fluchtgedanken ausschloss.

In dieser Situation brutalen Terrors führte der Bankbeamte Georg Kast von der Commerzbank am Halensee mit Else Ury ein sehr persönliches Gespräch. Es ging nicht um Geld. Er machte sich Sorgen. Wahrscheinlich musste Else Ury gerade ihre Konten anmelden, damit sich die nationalsozialistische Staatsmaschine am Eigentum der Juden uneingeschränkt bedienen konnte. Georg Kast schrieb 1948 an Klaus Heymann: »Ich stand persönlich sehr gut mit Ihrer Tante und wir gingen in unseren Ansichten sehr conform. Meine noch zu einer Zeit, wo es möglich war, an Frl. Ury gerichtete Mahnung, auszuwandern, lehnte sie mit den Worten ab, die ich bis heute nicht vergessen habe: ›Wenn meine Glaubensgenossen bleiben, dann habe ich so viel Mut, Charakter und die feste Entschlossenheit, ihr Los zu teilen.‹ Und, so fährt er fort: ›Dieses Los ist ihr ja wohl leider zuteil geworden.«

Station 4
Umzug in die Solinger Straße – Letzter Aufenthalt in Krummhübel

Dezember 1938: Zwangsverkauf von jüdischem Grundeigentum und jüdischen Betrieben – Wertpapiere müssen auf Sperrkonten übertragen werden.
Januar 1939: Aufhebung des Mieterschutzes.
April: Schaffung von Judenhäusern.

Im Dezember 1938 wurde über bestimmte Bezirke der Reichshauptstadt der Judenbann verhängt. Alle in solchen Bezirken liegenden Straßen, Plätze, Anlagen und Gebäude dürfen von Juden fortan weder betreten noch befahren werden. Wer zufällig dort seinen Wohnsitz hat, muss sich zum Überschreiten der Banngrenze einen polizeilichen Erlaubnisschein besorgen. Charlottenburg mit dem Kaiserdamm gehören zum Sperrbezirk. Die Wohnung mit neun Zimmern für Else Ury und ihre Mutter war lange zu groß geworden. Die Räume der Arztpraxis von Bruder Hans standen leer. Ludwig Ury, 69 Jahre alt, ging zum Sohn ins Exil. Wohin sollten Mutter und Tochter ziehen? Die nationalsozialistische Regierung ging daran, ›Judenhäuser‹ einzurichten, in denen die registrierten Juden unter der direkten Aufsicht des Staates ›leben‹ sollten. Die Wohnungsberatungsstellen der jüdischen Gemeinden bewirtschafteten im Auftrag der Gestapo diese Wohnungen und wurden dann Zug um Zug gezwungen, an den Deportationen mitzuwirken. Bereit zur Vernichtung?! Noch nicht. Die Gestapo- und SS-Hauptquartiere bereiteten die Maschinerie der Vernichtung jedoch bereits vor und erprobten an den sogenannten ›lebensunwerten Leben‹ ihre Tötungskapazitäten.

Eine angenehme kleine Wohnung im Berliner Westen war für jüdische Bürger unter Ausnahmerecht nicht mehr zu bekommen. Else Ury zog mit ihrer Mutter nach Alt-Moabit in die Solinger Straße. Nie zuvor hatte sie diese Straße betreten. Noch heute ist es eine ziemlich trostlose Gegend. Das Haus Nr. 10 gibt es nicht mehr. Es wurde bei Bombenangriffen zerstört. Aber das Umfeld hat sich kaum verändert. Zum Glück war es nicht weit bis zum Tiergarten. In nur sechs Fußminuten war Else Ury auf seit langem vertrautem Gelände. Auch ihr Nesthäkchen lief schon begeistert mit ihren Puppen am See entlang und fütterte die Enten. Täglich konnte sie hier spazieren gehen und, wenn es warm war, dort sitzen und Briefe schreiben. Briefe schreiben, das wurde – besonders nach dem Weggang ihrer geliebten Schwester Käthe – ihre wichtigste Beschäftigung.

Die vier Zimmer im ersten Stock boten ausreichend Platz, dass auch die Pflegerin – vorerst noch Fräulein Lina – bei ihnen wohnen konnte. Else Ury richtete die Wohnung so gemütlich wie möglich ein, damit noch ein wenig Behaglichkeit, wie sie sie liebte, in den eigenen vier Wänden blieb. Doch der Gemütlichkeit war nun immer schon das Grauen beigemischt. Drei Frauen in einem Judenhaus. Der Besitzer wohnte in der Friedrichstraße, hieß Herr Nagel und kassierte über seinen Hausverwalter die Miete: 127,40 Reichsmark. In den anderen Stockwerken wohnten ebenfalls jüdische Ehepaare, alt und gebrechlich auch sie. Es waren die noch Übriggebliebenen des Austreibungsfeldzuges der Juden aus Deutschland. ›Stolpersteine‹ im Bürgersteig erinnern heute an die Menschen des Hauses Nummer 10. Insgesamt 39 jüdische Mitbürgerinnen und Mitbürger sollen dort gewohnt haben. Neun Personen emigrierten, bei sechs Personen ist das weitere Schicksal unklar. Ein Ehepaar machte seinem Leben am 2. Oktober 1942 nach Erhalt des Deportationsbefehls ein Ende. Zwei weitere Personen starben eines natürlichen Todes; drei Menschen konnten illegal überleben; die anderen wurden deportiert und ermordet.

Die Eltern Heymann wurden nach der Pogromnacht von ihrer Tochter Lisbeth ›angefordert‹. Nach zahllosen Schikanen und kleinlichen Hindernissen konnten sie schließlich nach Amsterdam ausreisen. Gern taten sie das nicht. Insbesondere Käthe Heymann wollte Schwester und Mutter nicht verlassen. Traurig schreibt Käthe Heymann am 5. März 1939 an ihre Kinder in einem Rundbrief: »Einerseits möchten wir so schnell wie möglich fort, da man nicht weiß, was sonst noch kommen kann. Es sind genug Überraschungen in den letzten Monaten gewesen. Andererseits weiß ich, dass ich dann meine Mutter nie mehr sehen werde und Ihr könnt Euch denken, wie ich unter dem Gedanken leide. (…) Es ist eine Kette von Abschieden.« Ostersonntag 1939 verließen Käthe und Hugo Heymann Berlin mit je zehn Reichsmark im Portemonnaie in Richtung Amsterdam, um bei ihrer Tochter mit Schwiegersohn und Enkel in einer eigens dafür gemieteten Wohnung gemeinsam zu leben. Amsterdam-Zuid, ihr neuer Aufenthaltsort, war überlaufen von deutsch-jüdischen Emigranten. Man sprach in den Geschäften meist Deutsch, traf alte Bekannte. Das erleichterte ein wenig den schweren Alltag im Exil. Inzwischen gab es auch etwas Erfreuliches für die Familie. Klaus hatte die Liebe seines Lebens (wieder)gefunden: Lieselotte (genannt Lilo) Lachmann. Über ihren Jugendfreund Klaus ließ sie im *Daily Telegraph* eine Anzeige schalten, um sich als deutsch-jüdisches Mädchen für Arbeit im Haushalt anzubieten. Bei einer netten Familie außerhalb von London traf sie es anfangs auch relativ gut und in der Freizeit besuchte sie Klaus Heymann. Der Kontakt wurde intensiver. Im Frühjahr 1940 meldete er sich zur Armee. Doch nach dem Überfall der Hitler-Truppen auf Holland wurden die Deutschen in England fast ausnahmslos als ›enemy aliens‹ – feindliche Ausländer – in Lager deportiert. Klaus Heymann kam für drei Monate auf die Isle of Man. Andere hatten es ärger getroffen, sagt er heute. Der Alltag im Lager war erträglich. Die britische Unterhausabgeordnete Eleanor Rathbone setzte sich vehement dafür ein, das Potential der meist gut ausgebildeten jüdischen Deutschen für den Sieg über Nazideutschland zu nutzen. Im Zuge dieser Kampagne kam Klaus Heymann frei und diente bis zum Kriegsende als Offizier in der britischen Armee. Lilo Lachmann war nicht interniert worden. Die beiden heirateten 1942. Noch heute leben sie in einem Häuschen im Norden von London und gehören zu den letzten verbleibenden Verwandten Else Urys.

Im Juni 1939 schrieb Else Ury an Klaus: »Mein lieber Junge, nun bin ich wieder in meinem lieben Nesthäkchen, und es könnte alles so schön sein, wenn nicht … Ich bin auf eine Woche allein hergefahren, um selbst zu sehen, ob ein Sommeraufenthalt noch möglich ist, ob es sich einrichten ließe, ehe ich mit der Omama die Reise hierher mache. Ich schreibe in der Veranda bei weit geöffneten Fenstern im Liegestuhl, weil leiser Gewitterregen herabtröpfelt. Draußen blühen Flieder und die Weißdornhecken, Schwertlilien und wilde Rosen. Es ist unsagbar schön hier, aber ich kann diesmal dessen nicht richtig froh werden. Diesmal kannst du nicht anstimmen: ›Sind wir alle mal wieder beisammen gewesen.‹ Wie schön war's damals. Ich habe hier sehr gegen Erinnerungen anzukämpfen, hoffe aber ihrer Herr zu werden. Denn ich glaube bestimmt, trotzdem Onkel Ludwig starke Bedenken hat, dass wir den Sommer hier noch zubringen können. Ich war schon in den verschiedenen Lebensmittelgeschäften, die beinahe ohne Ausnahme das Schild, das uns den Zutritt verwehrt, tragen. Ich soll meine Hausmeistersfrau schicken oder telefonieren, dann bekomme ich alles.«

Was sie aus der Wirklichkeit von Krummhübel schilderte, wurde von Gerhard Haase, dem Sohn des Einzelhandelskaufmanns aus Krummhübel, bestätigt. Er hatte als Junge mehrfach im Schutze der Dunkelheit die telefonisch bestellten Waren bei dem Fräulein Ury abgeliefert. Dann habe eine Kampagne der NSDAP: ›Kauft nicht bei dem Judenfreund Haase‹ seinen Vater

– so sagt er entschuldigend – dazu gebrachte, das Schild ›Juden unerwünscht‹ anzubringen, um seine Existenz zu sichern. Wider Willen musste Else Ury den Hausverkauf einleiten. Laut Verordnung über den Einsatz des jüdischen Vermögens vom 3. Dezember 1938 wurde der Zwangsverkauf allen jüdischen Grundeigentums bestimmt. Nachdem Else Ury im Juni allein die Lage sondiert hatte, schaffte sie es im August trotz aller Widrigkeiten, noch einmal mit Mutter und Pflegerin nach Krummhübel zu fahren. In nur ganz wenigen Restaurants und Cafés der Umgebung konnten sie noch einkehren. Fast überall verwehrte ›das Schild‹ den Eintritt. In den Ferienorten im Riesengebirge hatte es – wie überall im Reich – antisemitische Ausschreitungen gegeben. So blieben sie meist im – noch – schützenden Haus und Garten. Bei der Auflösung des Haushalts in Krummhübel bedachte sie fürsorglich jede Kleinigkeit. Die Windjacken und die Skianzüge, die Tennisschläger und die Skistiefel. Irgendwann blitzte dann die tiefe Traurigkeit doch auf: »Ach, wenn es mal wieder wie früher wäre. (…) Gar nicht vorstellbar, dass in unserer Veranda Fremde sein sollen. (…) Ich hätte es behalten (…). Eine Gemeinheit. Ich lasse eventuell die ganze Einrichtung von einem Hirschberger Auktionator versteigern«, schrieb sie in einem Brief an Klaus.

In der Realität sieht es aber vorerst noch anders aus: Es klingelt drohend an der Haustür. Mit ihrer nicht zu besiegenden Freundlichkeit hat sie den NS-Obmann des Dorfes ins Haus gelassen. Die Mutter, auf dem geliebten Sessel an der hinteren Treppe sitzend, fragt: »Was ist los Else, wer ist da?« »Nichts Mutter, der Herr Obmann ist gekommen.« Sie bittet den Braunberockten ins Wohnzimmer. Da steht sie vor ihm, er hat umständlich auf dem zugewiesenen Stuhl Platz genommen. Jetzt sind sie ungefähr Auge in Auge. Er, der Staatsbeauftragte, sitzt vorn auf der Stuhlkante, sie bleibt stehen. Er senkt den Blick, räuspert sich. Dann rückt er raus mit der Sprache der Verordnungen. »Zu spät angemeldet. Fünf Reichsmark Strafe.« Sie widerspricht eindringlich. Er beharrt auf der Anmeldepflicht, wie aufgetragen. Schweigend greift sie in die Schublade, holt das Geld heraus. Er füllt umständlich auf dem mitgebrachten Block die Quittung aus. »Da ist noch was«, beginnt er seinen Auftrag vom Bürgermeister herunterzuhaspeln. »Wollen Sie häufiger hier leben?« »Warum fragen Sie das?« »Falls das so ist, habe ich Ihnen mitzuteilen, dass Sie dann in einem Judenhaus untergebracht werden müssen. Mit Ihrer Mutter, versteht sich.« Schweigen. Else Ury schluckt. Ruhig sagt sie: »Die Verordnung, auf die Sie sich beziehen, ist mir bekannt. Sie besagt aber ganz klar, dass dies hier ein Judenhaus ist. Ich bin die Besitzerin, ich bin Jüdin, also ist dies Haus ein Judenhaus. Wenn die Nichtjuden weiter hier zu wohnen gedenken, ist es ihnen nach der Verordnung freigestellt.« Er steht auf. Meterlang ragt er über ihren Scheitel. Er sagt: »Ich werde es weiterleiten«, schnarrt etwas, was wie ›Heilitle‹ klingt, und verlässt das Haus. Da steht sie, die kleine, grauhaarige Jüdin, streicht sich mit dem Handballen über die Stirn. Sie hört die Tür klappen und seufzt. Sie hat dem Nazigewaltigen die Naziverordnung bündig erklärt, und er hat still und leise das Haus verlassen. Vor gar nicht langer Zeit stand der gleiche Mann mit der Jüngsten an der Hand im Garten der Ury, um die Nesthäkchen-Bände signieren zu lassen. Wie sich die Zeiten ändern! Bis zur Bürgermeisterei lässt der Mann seine arische Wut über die freche, alte Jüdin wachsen. Die erdreistet sich doch tatsächlich, ihm, dem Vertreter der Staatsmacht, eine arische Verordnung auszulegen. Frechheit ist das. So sind diese Juden, frech und anmaßend. Gleich wird er im Amtszimmer erzählen, wie er es ihr gegeben hat und dass die es nicht mehr lange in ihrem ›Haus Nesthäkchen‹ aushalten wird. Dafür wird er schon sorgen. Im Dorf sind sie bei der Ury alle so zimperlich. Ihm aber reicht es. Wenn die nicht mehr herkommen darf, dann geschieht es der alten Judenhexe ganz recht. Damit muss Schluss sein!

In Else Urys Brief heißt es zu der Sache: »Die Verhältnisse lagen im Winter so, dass man kaum denken konnte, jemals wieder hierher zu kommen. Auch jetzt hat man mir 5 Mark Strafe wegen Nichtanmeldung, war sonst nicht nötig, aufgebrummt. Dann erhielt ich vom Amtsvorsteher einen Brief, dass wir in einem jüdischen Haus untergebracht werden müssen bei längerem Aufenthalt nach § so und so der Verfügung vom 30. April, dass es unstatthaft sei, mit arischen Mietern zusammenzuwohnen. Da ich diese Verfügung genau kannte, konnte ich ihn Wort für Wort widerlegen, da mein Haus ja ein jüdisches Haus ist, käme eine Unterbringung in ein anderes jüdisches Haus nicht infrage. Auch die Mieterfrage war mir genau bekannt. Es ist jetzt über 8 Tage her und keine Antwort gekommen. Aber es regt doch alles auf.« Das ganze Ausmaß ihrer Rechtlosigkeit als Jüdin spiegelten ihre Briefe nicht, musste doch immer mit Briefzensur und ungeahnten Folgen bei falschen Worten oder dem Vorwurf ›feindlicher Hetze im Ausland‹ gerechnet werden.

Der letzte Aufenthalt in Krummhübel im Sommer 1939 brachte trotz alledem weiter keine Probleme. Else Ury kaufte sogar hin und wieder selbst im Ort ein. Der Schutzmantel der Beliebtheit funktionierte noch. Auch waren die Hauswartsleute Neumann anständige Menschen und halfen nach Kräften. Als Zeugen Jehovas ließen sie sich durch die verordnete Mehrheitsmeinung von ihrer Freundschaft und Hilfsbereitschaft zu den Urys nicht abbringen. Sie hatten schon Ärger bekommen und waren bei der Gemeindeverwaltung negativ aufgefallen. Bei Else Ury heißt es dazu: »Jetzt gibt es auch allerlei Stänkereien zwischen den Mietern und dem Hausmeister. Sie wollen ihn rausbeißen. Haben sich sogar schon bei der Gemeinde über ihn beschwert.« Der Zwangsverkauf des Hauses klappte anscheinend nicht so recht. Vielleicht fand sich kein Käufer, vielleicht gab es auch andere Begehrlichkeiten auf das schöne Grundstück. Else Ury durfte das Haus nach Kriegsausbruch nicht mehr betreten. Der Bürgermeister stellte schließlich einen Antrag auf unentgeltliche Übertragung des Grundstückes auf die Gemeinde Krummhübel, was aufgrund eines Führererlasses vom 29. Mai 1941 möglich war. Das Haus wurde am 9. April 1942 beschlagnahmt, der Name Else Ury und die Inschrift ›Haus Nesthäkchen‹ entfernt und das Deutsche Reich als Eigentümer eingeschrieben.

Station 5
Franziska Ury, geb. Schlesinger stirbt

1. September 1939: Beginn des Zweiten Weltkriegs.
Ab sofort werden Lebensmittelmarken eingeführt.
Der Krieg verschärft die Entrechtung: Juden bekommen ab sofort keine Kleiderkarte mehr. Juden müssen ihre Radios abliefern. Juden in Berlin dürfen nur zwischen 16 und 17 Uhr einkaufen. Für Juden ist Ausgangssperre ab einsetzender Dunkelheit.

»Ab 4 Uhr 30 wird zurückgeschossen.« verkündet Hitler am 1. September 1939. Polen ist überfallen und aufgeteilt. Alle Hoffnungen auf Frieden sind zerstört. Für die kleine Minderheit der Juden in Deutschland, meist Alte, unter ihnen besonders viele Frauen, wird der Alltag noch schwerer. Abgeschnitten von fast allen Verbindungswegen nach draußen, bald sogar von allen Briefkontakten zu den Kindern und Geschwistern, wird das Leben ein düsteres Dasein des täglichen Überlebenskampfes ohne Hoffnung. Mit großem propagandistischen Aufwand wird von den NS-Größen verkündet, dass die in Deutschland verbliebenen Juden eine Gefahr für den Kriegserfolg des Reiches darstellen und jeder Jude als Reichsfeind anzusehen ist. Schon 1938 hatte Göring gedroht, dass im Falle eines Krieges die Juden Deutschlands restlos vernichtet würden. Die Hälfte der deutschen Juden hatte sich unter schwierigsten Bedingungen ins Ausland retten können. Auch die Heymanns waren mit Hoffnung auf Rettung nach Amsterdam gegangen. Doch die Besetzung des Landes durch die deutschen Truppen machte alle Zukunftshoffnungen zunichte. Die Niederlande unter der deutschen Besatzung nennen manche Historiker heute das ›Polen des Westens‹, denn nirgendwo in Westeuropa wurde ein derart hoher Prozentsatz der jüdischen Bevölkerung ermordet. 75 Prozent der in Holland lebenden Juden, oder in blanken Zahlen, 100 000 von 140 000 der in den Niederlanden lebenden Juden, wurden Opfer der Verfolgung, unter ihnen auch die gesamte Familie Heymann und Jachmann. Es gab Widerstand gegen die Deutschen, es gab menschliche Hilfsbereitschaft, es gab aber auch massenhafte Kollaboration mit einer starken ›freiwilligen Hilfspolizei‹, die gegen ›Kopfgeld‹ jeden nur fassbaren Juden an die deutsche SS oder Gestapo auslieferte.

Ab Juli 1942 waren die letzten Hoffnungen zerstört, dass alles nicht so schlimm werden würde. Es begann die Kernphase der Deportationen, die als Aufrufe zum ›Arbeitseinsatz im Osten‹ getarnt wurden. Auf die Verweigerung reagierten die Besatzer mit Razzien. In den großen Städten, wo die meisten Juden wohnten, holten deutsche und auch niederländische Polizisten ihre Opfer aus den Häusern und brachten sie zu den Sammelplätzen. Glückliche bekamen noch einmal eine Schonfrist, Unglückliche mussten nach Westerbork. Bis zum September 1943 wurden praktisch alle Juden, die sich nicht versteckt halten konnten, dorthin gebracht. Das Lager war die letzte Durchgangsstation in den Niederlanden. Nach der Ankunft folgte noch einmal eine Zeit in höchster Anspannung, zwischen Hoffen und Bangen. Wer in Westerbork bleiben durfte, konnte sich seines Lebens noch sicher sein. Es handelte sich nicht um ein KZ und erst recht nicht um ein Vernichtungslager. Doch einmal pro Woche fuhr ein Transport nach Theresienstadt oder – viel schlimmer und immer häufiger – in eines der Todeslager Auschwitz oder Sobibor. Und von dort gab es für fast niemanden ein Zurück.

Hugo Heymanns letzter Brief an seinen Sohn Klaus lässt ahnen, wie das Leben jüdischer Menschen damals aussah: »Es besteht die Gefahr, dass wir beide, Mutti und ich, von hier irgend wohin ›evakuiert‹ werden. Das geschieht gewöhnlich in den Abendstunden von 8–11 Uhr, sodass wir im Augenblick für zehn Stunden in relativer Sicherheit sind.« Doch noch konnte das Ehepaar Heymann eine Zeit lang in relativer Sicherheit leben. Sie gewöhnten sich, wenn auch mühsam und voller Sehnsucht nach Berlin, in Amsterdam ein, lernten sogar Niederländisch und schrieben ihrem Sohn eifrig Briefe, solange das möglich war.

Im April 1940 starb Franziska Ury. Ihren 93. Geburtstag hatten sie noch feiern können. Nur wenige Verwandte waren anwesend. Franziska Ury, geboren am 16. März 1847, wurde auf dem Jüdischen Friedhof Weißensee von ihrer Tochter Else, Olga Davidsohn, Toni Davidsohn-Levy, Setta Heymann und den Geschwistern von Hugo Heymann, Max und Frieda mit ihren Töchtern Ruth und Ilse, neben ihrem Mann beerdigt. Else Ury brach nach dem Tod der Mutter zusammen und war lange Zeit krank. Jetzt war sie ganz allein. Der Bruder und die Neffen in London, Schwester, Schwager und Nichte in Amsterdam. Alles, was ihr wichtig war: Familie, Freunde, Feste feiern – vorbei. Das Leben wurde unerträglich. Herzbeschwerden quälten sie. Die Zukunft war ohne Hoffnung. Briefe an ihren geliebten Neffen Klaus konnte sie nur noch kurze Zeit über Amsterdam schicken. Möglicherweise Ende April 1940 gelang der Transport eines Briefes. Sie gratulierte in ihrem Brief Klaus von ganzem Herzen zu seinem Examen, gedachte der verstorbenen Omama und schrieb: »Mein lieber Junge, in all der Dunkelheit nach dem Hinscheiden unserer Omama war die Nachricht von Deinem so glänzend bestandenen Examen ein Lichtstrahl. Wie hätte sich die Omama darüber gefreut. Mir ist das Herz jetzt sehr weh; aber trotzdem bin ich glücklich, dass Dein Streben von so schönem Erfolg gewesen ist. Mein inniger Wunsch für Dich ist, dass Du weiter im Leben befriedigende und erfolgreiche Arbeit leisten wirst. Unsere Omama ruht in Frieden nach schwerem Leiden. Ich weiß, was auch Du, mein lieber Junge, mit ihr verloren hast. Wie lieb Du sie gehabt hast. Wir müssen dankbar sein, dass wir sie so lange haben durften. Ich bin jetzt wieder gesund. Nur schlafen kann ich noch nicht. Aber auch das wird in Ordnung kommen. Aber Du, mein lieber Junge, brauchst nach der anstrengenden Examensarbeit sicher Erholung. Hoffentlich kannst Du ein paar Tage ins Freie fahren. Und pflege Dich, auch ohne dass Mutti dafür sorgt.« Bis Mai 1940, als Holland von den deutschen Truppen besetzt wurde, konnte die Post über die Adresse der Schwester nach London weitergeleitet werden. Dann ist auch dieser Verbindungsweg abgeschnitten.

Station 6
Else Urys Kusine Toni Davidsohn-Levy bekommt den Deportationsbefehl

März 1941: Lebensmittelrationen für Juden werden erheblich gekürzt.
April: Juden haben kein Recht auf einen Sitzplatz in öffentlichen Verkehrsmitteln.
September 1941: Pflicht zum Tragen eines Judensterns. »Ab 15.9.1941 ist es Juden, die das sechste Lebensjahr vollendet haben, verboten, sich in der Öffentlichkeit ohne einen Judenstern zu zeigen. Juden ist es verboten, ohne schriftliche polizeiliche Erlaubnis ihre Wohngemeinde zu verlassen und Orden, Ehrenzeichen oder sonstige Abzeichen zu tragen.«
Oktober: Beginn der Deportationen aus Berlin.

Vorgeschrieben war das feste Aufnähen des Sterns an der linken Brustseite in Herzhöhe. Die jüdischen Wohlfahrtsämter hatten jedem Juden vier solche Sterne gegen Entgelt abgeben müssen. SS-Leute machten sich auf den Straßen einen sadistischen Spaß daraus, mit einem Bleistift die Nähte zu prüfen, und wer zu locker genäht hatte, wurde ins KZ verschleppt. Die Juden waren vogelfrei. Jede Nacht fuhren Abholautos durch die Stadt. Manche Juden campierten Nacht für Nacht in einer anderen Unterkunft, in Laubengärten oder bei ›arischen‹ Freunden. Jeder Gang auf die Straße konnte der letzte sein, jedes Klingeln konnte die Deportation bedeuten. Das Getto der Entrechtung wurde immer enger.

Über das Rote Kreuz gelang 1941 noch einmal eine Verbindung zwischen Else Ury und ihrem Bruder Ludwig in London. »British Red Cross. Ury, Ludwig. Brother. Heute Mutters Gedenktag. Sind alle wohlauf. Hoffentlich auch ihr. Olga Wünsche gute Reise. Herzliche Grüße an alle. Auch von Elsa. Ludwig. 8. April 1941.« Auf der Rückseite antwortet Else Ury am 26. Juli 1941: »Innige Grüße, mein Junge. Erfreut, dass Elsa für Dich sorgt. Bin gesund, hatte Erholung bei Frau Richter. Olga voraussichtlich Buenos Aires – Kolumbien. Fritz Glückwunsch.

Allen Grüße Else Ury.« Wer Frau Richter war, ist nicht zu ermitteln. Soweit bekannt, war sie keine Jüdin. Als Hausbewohnerin kommt sie nicht infrage, denn im Haus Solinger Straße 10 lebten nur Juden. Unklar bleibt deshalb, warum Else Ury sie brieflich mit Namen erwähnt, denn der Kontakt zu Juden ist allen ›Ariern‹ bei strengster Strafe verboten. Vielleicht hat sie einen Decknamen benutzt. Diese Frau hat jedenfalls bis zuletzt für Else Ury gesorgt.

Am 17. September 1941 muss Else Ury erneut eine Vermögenserklärung abgeben. Bei den Deportationsakten liegt die Abschrift vor. Die Erklärung geht an das Finanzamt Hansa, Berlin. Sie ist von Else Ury selbst mit Schreibmaschine ausgefüllt. In der Anlage sind die verschiedenen Konten und Wertpapiere genannt. Die Commerzbank vermerkt zu Posten 16 Deutsche Reichsschätze: »Der Posten ist zugunsten des Finanzamts Hansa, Berlin, gesperrt.« Doch nicht nur die Reichsschätze waren gesperrt. Schon im Dezember 1938 waren den Juden die Wertpapiere mit der Begründung entzogen worden, das gesamte Vermögen von Juden gehöre rechtmäßig dem deutschen Volk. Die Vermögenserklärung vom Herbst 1941 zeigt, dass Else Ury gänzlich ausgeplündert, ihres Hauses in Krummhübel und ihrer durch das Bücherschreiben erarbeiteten Kapitalanlagen beraubt war. Sie hatte noch ein Bargeldkonto, von dem sie monatlich einen sogenannten Freibetrag von 700 Reichsmark abheben konnte. Das war alles, was der Schriftstellerin Ury mit 63 Jahren geblieben war. Unter Beruf, Art der Tätigkeit schrieb sie: ›ehemalige Schriftstellerin‹. Bei der Frage: ›Welche der genannten Personen sind Juden?‹ gab sie an: ›ich bin Jüdin‹. Sie war von den Rassegesetzen zur bekennenden Jüdin gemacht worden.

Jom Kippur 1941: In der überfüllten Synagoge in der Levetzowstraße in Moabit, eine der wenigen Kultstätten, wo sich nach dem Pogrom noch Juden versammeln durften, fand wie jedes Jahr an diesem höchsten Feiertag ein Gottesdienst statt. Else Ury wohnte nicht weit von dieser Synagoge, und es ist gut möglich, dass sie die Gemeinschaft ihrer jüdischen Leidensgenossen dort suchte. Dieser Gottesdienst war der letzte in der

Synagoge. Anschließend forderte die Gestapo ultimativ vom Synagogenvorstand den Schlüssel, und die Synagoge wurde ab sofort Sammellager für Deportationen. Noch am gleichen Abend wurden die Angestellten der Reichsvereinigung der Juden in Deutschland gezwungen, Listen mit zu deportierenden Juden zusammenzustellen, Verpflegung und medizinische Betreuung zu organisieren. Dieser ersten Deportation folgten weitere. Schlag auf Schlag. Ein Angestellter der jüdischen Gemeinde berichtet: »Die Transporte umfassten immer 1000 bis 2000 Personen, welche sich meist in den späten Abendstunden bereithalten mussten und von Glaubensgenossen aus der Wohnung abgeholt und zum Sammelplatz geleitet wurden. Dieser war in der letzten Zeit in der Synagoge Levetzowstraße. Dort saß ich mit einem Stab von Mitarbeitern die ganze Nacht, um Vermögensverzeichnisse aufzunehmen und Listen zu führen. Nie werde ich die Nächte vergessen, die ich dort verbringen musste. Herzzerreißende Szenen spielten sich ab. Stets kam es zu Selbstmorden oder Versuchen hierzu. Manche Frauen stürzten sich von der Empore auf den Marmorfußboden herab.« In der Presse Berlins stand eine kurze Notiz: »In den letzten Tagen haben viele Juden unter Hinterlassung von Schulden Deutschland fluchtartig verlassen.«

Else Ury musste miterleben, wie ihre Kusine Toni Davidsohn-Levy, die einst ihre Texte ins Reine geschrieben hatte, in letzter Minute doch kein Visum für Kolumbien erhielt. Im Gegenteil. Sie bekam bereits im November 1941 den Deportationsbefehl. Mit Else Urys Unterstützung packte sie noch ihren Koffer und verabschiedete sich von ihr. Am Abend nahm sie Gift. Da dies nicht sofort wirkte, wurde sie ins Jüdische Krankenhaus in Wedding gebracht, wo Else Ury die letzten Tage bei ihr wachte, bis sie starb. Schweren Herzens übernahm Else Ury die Aufgabe, die Kinder in Bogotá vom Tod der Mutter zu informieren. Diese hatten alles versucht, um für ihre Mutter das Visum für Kolumbien zu beschaffen, und waren, wie es anfangs schien, erfolgreich gewesen. Das Visum wurde nach Berlin geschickt, doch als die Mutter auf das Konsulat kam, hatte der Zuständige gewechselt und alle Visa gestrichen, die in seiner Abwesenheit erteilt worden waren. Else Ury schrieb am 28. November voller Traurigkeit und Sympathie für die Verstorbene. Wegen der Briefzensur nannte sie den Selbsttod ›Krankheit wie bei Tante Else‹. Gemeint war damit die Frau des Bruders Ludwig, die sich 1932 das Leben genommen hatte. »Mein Mariannchen, mein lieber Heinz, bitter schwer wird mir dieser Brief. Es ist wohl der schwerste, den ich in meinem Leben geschrieben habe. Und doch muss es sein. Mutti ist nicht mehr. Sie ist gestern Morgen, am 27. November nach zweitägiger Krankheit sanft hinübergeschlafen. (...) Mein Mariannchen, ich kann heute nicht mehr schreiben. Vielleicht später. Es ist mir so weh ums Herz. Mutti und ich haben uns immer so nah gestanden, aber in letzter Zeit nach Vaters Tod noch viel mehr.«

Ab Oktober 1941 ist unter den jüdischen Bewohnern Berlins kaum noch Zweifel möglich, dass ihre Vernichtung geplant ist. Gerüchte und Wahrheiten vermischten sich häufig, untereinander erzählte man sich von den schrecklichen Szenen bei den Deportationen und von unfassbaren Grausamkeiten aus den Vernichtungslagern. Manche Juden isolierten sich bewusst von ihren Glaubensbrüdern und Schwestern, weil sie die erschreckenden Berichte nicht mehr ertragen konnten und zu ihrem Überlebensschutz solche Gespräche mieden. Andere rückten enger zusammen, halfen sich untereinander, und entwickelten Informationsnetze, um über Angehörige und Freunde und ihr Schicksal Nachricht zu erhalten. Else Ury gehörte nicht zu denen, die sich isolierten. In einem ihrer letzten Briefe vom November 1939 erzählt sie, dass ungefähr zwanzig Freunde an ihrem Geburtstag um sie versammelt waren. Auch hatte sie bis Ende 1942 nachweislich Kontakt zum Rechtsvertreter der Reichsvereinigung der Juden in Deutschland, Dr. Kurt Landsberger, den sie zu ihrem Testamentsvollstrecker machte. Dieser Anwalt, der gezwungen war, der Gestapo zu Willen die Rechtsgeschäfte zu führen, hatte eine nichtjüdische Frau und konnte mit ihrer Hilfe als ›Konsulent‹ bis zum Kriegsende überleben. Er hatte vielfältige Informationen über die konkrete Entwicklung der antijüdischen Maßnahmen der Naziregierung, war er doch tagtäglich mit der Drohung konfrontiert, beim geringsten Fehler selbst deportiert zu werden. Die wenigen Hinweise auf Else Urys Leben in der dunkelsten Zeit von 1941 bis Januar 1943 machen es wahrscheinlich, dass Else Ury in engster Verbindung mit Menschen stand, die in diesen Monaten deportiert wurden, und wusste, dass es auch für sie keinen Ausweg gab.

Station 7
Else Ury bereitet sich auf das Ende vor

Januar 1942: Geheime Wannsee-Konferenz über die weitere systematische Ausrottung der Juden in Europa.
April: Juden müssen an ihre Wohnungstüren den Judenstern: schwarze Buchstaben auf weißem Grund anbringen. SS macht täglich Jagd auf Juden in Berlin. Der Berliner Gauleiter verspricht, zum Führergeburtstag im April 1943 Berlin ›judenrein‹ zu machen.

Wie muss man sich den Alltag einer alten Frau in der Solinger Straße 1942 vorstellen? Ruth Andreas-Friedrich berichtet in ihrem Tagebuch vom elenden Alltagsleben: »Berlin, Freitag, 19. Juni 1942: Jetzt hat man sämtliche Juden in der Lebensmittelzuteilung auf Sonderregelung gesetzt. Keine Fleischmarken mehr. Keine Eierkarte, keine Rauchwaren, keine Extraaufrufe. Gemüse und Obst sind in den Bezugsnummern so weit zurückdatiert, dass für die nächsten Monate praktisch alles abgekauft ist.« Die 700 Reichsmark Freibetrag, die Else Ury jeden Monat einschließlich der Mietzahlung von ihrem Konto abheben durfte, nutzten da wenig. Milch, Obst und Gemüse bekam sie als Jüdin überhaupt nicht mehr. Die beabsichtigten Folgen dieser Maßnahmen waren Hunger, Vitaminmangel und Krankheiten ohne Aussicht auf Medikamente. Und wenn dann ein Herzanfall die Frau überfiel? Kein jüdischer Arzt durfte sie besuchen. Das Telefon war seit langem geraubt.

Die letzte Nachricht über Else Ury erreicht Klaus Heymann erst nach dem Ende des Weltkriegs. Sie ist von Hugo

Heymann am 29. September 1942 geschrieben und im Februar 1943 ergänzt worden. Else Ury hat ihr Testament gemacht und Klaus als Alleinerben eingesetzt. »Am 6.1.1943 ist Tante Else ›evakuiert‹ worden, bis heute wissen wir noch nicht, wohin. Diese Nachricht kam hier gerade am 13.1.1943, durch Tante Setta übermittelt, an. Noch liegt die Zukunft dunkel vor uns, wenn sich die Anzeichen dafür auch mehren, die das Kriegsende für das kommende Frühjahr erhoffen lassen. Das stärkt auch unsere Hoffnung, Dich, lieber Junge, und die anderen Lieben wieder zu sehen. Sollte uns das nicht beschieden sein, so hoffen und wünschen wir von ganzem Herzen, dass Du mit Lilo einer wirklich glücklichen Zukunft entgegen gehen mögest. In Liebe Vater 26.1.1943. Hier noch die Mitteilung, dass Tante Else uns am 20.9.1942 schrieb, dass sie ihr Testament, dass für Dich, lieber Klaus, von Bedeutung ist, beim Amtsgericht Charlottenburg niedergelegt hat. Der Anwalt, Dr. Kurt Landsberger, Berlin, Jenaerstraße 3, hat von ihr Generalvollmacht erhalten für den Fall, dass sich bei Tante Else irgendetwas ändert.« Alle Juden in Berlin wissen, dass ab jetzt jeden Tag der Bote kommen kann, um die Formulare zu überbringen. Das ist der Anfang vom Ende. Kurz danach kommen die Beauftragten, um zur Deportationssammelstelle abzuholen.

24. Dezember 1942. Weihnachten. Sie weiß, dass es ihr letztes Weihnachtsfest sein wird. Sie ist 65 Jahre alt. Sie hat erfahren müssen, dass dieser Tag einem anderen Leben angehört, dass sie mit ihm nichts mehr gemein hat. Das war das Fest von Else Ury. Es ist ihr geraubt worden. Das Radio musste sie laut Verordnung abliefern. Nicht mal ›Stille Nacht …‹ dringt in die notdürftig geheizte Wohnung in der Solinger Straße. Die Sperrstunden für Juden lassen nur kurze Zeit zum mageren Einkauf in den wenigen zugelassenen Geschäften. Im kommenden April soll Berlin ›judenrein‹ sein. Ein makaberes ›Geburtstagsgeschenk‹ des Berliner Gauleiters an den Führer. Sie weiß das alles. Und doch ist sie ganz gefasst und ruhig. 65 Jahre war sie eine Deutsche. Dann wurde sie zur Jüdin gemacht. Jetzt ist sie eine alte Jüdin in Berlin, die ihr Ende erwartet. Deutsch-

land – das ist für sie nicht mehr hier, im Judenhaus Solinger Straße, wo sie allein sitzt und ihren dünnen Tee trinkt. Das Land liegt begraben. Im Grab des Bruders, der 1937 starb. Im Grab der Mutter, die die deutsche Literatur liebte und kannte wie kaum sonst jemand. In dem ärmlichen Zimmer des Neffen Klaus in London, von dem nun keine Zeile mehr durch die Kriegsfronten dringt. In der kümmerlichen Stube in Amsterdam, wo Schwager und Schwester auf die Deportation warten. Gleich wird sie, so kann man vermuten, mit den anderen jüdischen Nachbarn im Haus zusammentreffen, den Blumenthals, den Kohns. Man hat sich verabredet. Jeder bringt etwas. Einen kleinen Kuchen, einige Kekse, Tee, etwas zu rauchen. Keiner nennt den Tag beim Namen, und doch will gerade heute keiner allein sein. Sonderzuteilungen gab es selbstverständlich nicht für Juden. »Das ich nicht lache, Weihnachtszuteilung für Juden! Dieses Pack kennt doch kein deutsches Weihnachten!« hatte der Berliner Gauleiter schon 1940 gehöhnt.

Seit 1939 lebt sie in dieser dunklen schäbigen Straße. Seit dem Tod der Mutter ist sie ganz allein. Mit den Nachbarn hat sie Kontakt, eine Schicksalsgemeinschaft. Seit einigen Monaten hat niemand mehr Zweifel, dass der Tod bevorsteht. Zuerst werden die Formularbögen gebracht. Das ist die Aufforderung, sich mit vorgeschriebenem Gepäck bereitzuhalten. Dann kommen – meist in den Abendstunden – die Beauftragten der Reichsvertretung der Juden in Deutschland. Juden wie sie selbst und von der Knute der Gestapo getrieben, die Abtransporte ohne Aufsehen zu organisieren. Helfershelfer wider Willen. Alte sind es, vor allem Frauen, die in die Lastwagen steigen. Das erste Ziel ist bekannt. Große Hamburger Straße, vormals Altenheim der jüdischen Gemeinde. Jetzt Deportationssammelstelle. Dann wird es weitergehen im Viehwaggon in Richtung Osten. Von Auschwitz haben sie alle gehört. Niemand wird zurückkehren.

Mit den Nachbarn hat sie vielleicht von ihrem Wunsch gesprochen, freiwillig in die Sammelstelle in der Großen Hamburger Straße zu gehen. Gut wäre es, nicht stündlich auf das Klingeln warten zu müssen. Selbst den Zeitpunkt des Abschieds zu bestimmen. Sie kennt viele Freunde, die durch Freitod den Zeitpunkt bestimmten. Das Warten ist grausam. Am 6. Januar, sie sitzt neben dem vorschriftsmäßig gepackten Koffer, die Vermögenserklärung und die Inventarlisten sind ordnungsgemäß ausgefüllt. Da klingelt es. Der Lastwagen steht vor der Tür. Er bringt sie zur Deportationssammelstelle. Sechs Tage muss sie dort zubringen. Jacob Jacobson, Jüdischer Historiker und bis zu seiner Verhaftung Leiter des jüdischen Gesamtarchivs in Berlin, berichtet über die Große Hamburger Straße wenige Monate später, im Mai 1943: »Der Aufenthalt im Sammellager war in keiner Weise erbaulich, obgleich ein paar junge Leute mit Klampfen die Inhaftierten über ihre Situation hinwegzubringen suchten. Im Aufenthaltsraum grüßten Freunde und Bekannte einander schweigend, beinah getröstet durch den Gedanken, dass sie alle dasselbe Schicksal teilten; aber in Wirklichkeit taten sie es nicht, denn die einen waren für den Osten bestimmt, die anderen für Theresienstadt. Diejenigen, die eine T-Registration empfingen, atmeten auf, die anderen mit einem O-Zettel wurden blass; denn obgleich nicht viele Einzelheiten über Theresienstadt bekannt waren, und die Gerüchte über die Verhältnisse dort sich widersprachen, eines ist sicher, dass es dort viel besser war als im Osten.«

Else Ury bekam die T-Registration nicht. Nach den Festlegungen der Wannsee-Konferenz gehörte sie als alte und prominente Frau von 65 Jahren eigentlich in den Kreis derer, die in das ›Altersgetto‹ nach Theresienstadt überstellt werden sollten. Tatsächlich bedeutete Theresienstadt jedoch keine Rettung. Von den über 140 000 Menschen sind dort mehr als 33 000 gestorben und 88 000 deportiert worden. Überlebt haben am 9. Mai 1945 nur 16 832 Menschen. Das Reichssicherheitshauptamt zwang in der Regel alte und prominente Juden, ihr gesamtes Vermögen bereits vor der Deportation nach Theresienstadt, als Heimeinkaufsverträge getarnt, abzuliefern. Hintergrund dieser Perfidie war das Interesse der Gestapo, den Finanzbehörden des Reiches nicht allein die Ausbeute an dem Eigentum der Juden zu überlassen. Zwei Überlebende, Ursula und Gerhard Maschkowski, berichteten 1993, dass sie Frau Ury in der

Sammelstelle getroffen hätten. Sie sei sehr freundlich gewesen und habe noch andere getröstet, die auch die O-Registration erhielten. Für Else Urys Deportation nach Auschwitz gibt es keine bündige Erklärung. »Es war eben reine Willkür, die dort herrschte.«

Am 11. Januar erreichte Else Ury in der Großen Hamburger Straße 26 die amtlich vorgedruckte ›Zustellungsurkunde‹ des Gerichtsvollziehers mit dem Bescheid über den Verlust ihrer Staatsangehörigkeit und der daraus folgenden Vermögensein-ziehung. Der Obergerichtsvollzieher in Berlin kannte sich mit dem Vorgang aus. Er hatte die Urkunde ordnungsgemäß aus-gefüllt: ›wohnhaft: Große Hamburger Straße 26‹.

Das genaue Todesdatum Else Urys war lange Zeit unklar. Die Gedenkstätte Auschwitz hatte 1988 auf Anfrage lediglich geantwortet, dass es keine Häftlingsnummer unter dem Na-men Ury gäbe und deshalb davon auszugehen sei, dass Else Ury entweder auf dem Transport gestorben oder direkt von der Rampe aus in die Gaskammer getrieben worden sei. In-zwischen ist, dank neuerer Forschungsarbeiten in Auschwitz, die Anfang der Neunzigerjahre möglich wurden, Else Urys genauer Todestag bekannt. Auf der Transportliste vom 12. Ja-nuar steht sie als eine von 1 110 Berliner Juden. Der Transport RSHA Nr. 23 geht vom Güterbahnhof Moabit aus und kommt am 13. Januar nach zwanzigstündiger Bahnfahrt in Auschwitz an. Unter den Koffern der Deportierten, die noch in den Neun-zigerjahren des letzten Jahrhunderts in einem Raum in Aus-chwitz aufbewahrt wurden, trägt einer die Aufschrift: ›Else Sara Ury. Berlin – Solinger Str. 10‹. Zur Selektion wird Else Ury ins Konzentrationslager Auschwitz-Birkenau eingeliefert. 127 Männer werden ausgesucht und im Lager registriert. Alle üb-rigen werden, zusammen mit Else Ury, am 13. Januar 1943 in die Gaskammer getrieben und ermordet.

Die nationalsozialistische Bürokratie bearbeitete den ›Vor-gang Ury‹ penibel weiter. Ordnung muss sein. Jeder Beleg wur-de sorgfältig abgeheftet. Der Vollstreckungssekretär der Be-zirksverwaltung holte sich vom Hausverwalter Solinger Straße 10 den Schlüssel der ›Judenwohnung Ury‹ und schätzte das

Inventar. Fünf Formblätter mit genauester Auflistung aller Gegenstände mit jeweiligem Schätzwert. 538 Reichsmark ergab die Schätzung. Dazu wurden 14,80 RM Gebühren für Schätz-, Schreib- und Fahrkosten zugezählt und 20 % abgezogen. Der mitunterzeichnende Möbelhändler bekam für 430,40 RM den gesamten Nachlass. Am Ende des Formulars steht noch: ›Nicht geschätzt: 1 gr. Posten Bücher, Familienbilder.‹ Den Posten bekommt er gratis. Das, was wir Nachgeborenen gern gehabt hätten, Bücher, vielleicht auch Tagebuchaufzeichnungen und Bilder von Else Ury, wird in den Müll geworfen. Auf der Vermögenserklärung ist das Datum der Wohnungsräumung handschriftlich eingetragen: »geräumt am 22.3.1943«. In der Presse Berlins wird wenige Tage später eine der vielen Versteigerungen jüdischen Eigentums angekündigt und sie wird zahlreich besucht worden sein. Wer hat das schöne Biedermeier-Sofa, wer den Sessel, wer die Lampe aus Else Urys Besitz bekommen? Wir wissen es nicht und können nur registrieren, dass diese Art Begünstigung der deutschen Bürger Berlins gern angenommen wurde und neben dem alltäglichen Terror zur Ruhigstellung der Bevölkerung taugte.

Die Wohnung Solinger Straße wurde bereits am 15. März 1943 angefordert. In einem Schreiben an den Stadtoberinspektor Mayer, Berlin-Schöneberg heißt es unter ›Betreff: Räumung der Judenwohnung Else Sara Ury, Bln. NW. Solinger Straße 10: Die Wohnung der vorgenannten Jüdin ist dem total-fliegergeschädigten O. Z. I. Herrn Oskar Heinrich (…) zugewiesen worden‹. Der Hausbesitzer Nagel mahnt die Wohnungsmiete für Februar und März an und der Oberfinanzpräsident Berlin-Brandenburg verfügt auf einem weiteren Formblatt: ›Die Wohnung der abgeschobenen Jüdin (…) ist am 22.3.43 geräumt.‹ Die Wohnungsmiete bis zur Räumung wird bezahlt. Zwei Mal 127,40 RM an Hausbesitzer Nagel. 254, 80 RM sind es für Februar und März. Korrekt ist der Beleg abgeheftet. Die BEWAG, Berliner Kraft- und Licht Aktiengesellschaft, fordert auf einem eigens entworfenen Formular ›Meldung über evakuierte Juden‹ 43,41 RM Restschuld. Die Oberfinanzkasse zahlt den Betrag an die BEWAG und vermerkt dies wiederum auf dem Formblatt: ›Betreff Vermögensbeschlagnahmesache mit Datum 20. Mai 1943‹. Damit nicht genug. Am 16. April 1943 wird vom Finanzamt Hansa Berlin, Vollstreckungsstelle, folgender Brief an die Commerzbank, Berlin-Charlottenburg, Kaiserdamm 95 verfasst: »Auf Grund des Reichsfluchtsteuerbescheides vom 16. April 1943 gegen Fräulein Else Sara Ury, früher in Berlin NW, Solinger Straße 10, jetzt im Ausland (Osten), ersuche ich, die mir am 18. Dezember 1940 verpfändeten – es folgen die Reichswertpapiere in Höhe von 48 000 Reichsmark – auf das Konto ›Reichsfluchtsteuer‹ bei der Preußischen Staatsbank (…) umzulegen und meiner Finanzkasse Abrechnung in dreifacher Ausfertigung zu übersenden.« Nach Übersicht über die Konten stellt das Finanzamt fest: »Der Annahmewert der bezeichneten Wertpapiere übersteigt meine Forderung um 1 779, 20 RM. Dieser Betrag wird durch meine Finanzkasse Berlin-Brandenburg … überwiesen werden«. Somit hat – nachdem alle Konten geplündert sind – die Finanzkasse Berlin-Brandenburg von Else Sara Ury als Reichsfluchtsteuer 46 539 Reichsmark erhalten. Auch Dr. Kurt Landsberger stellt für seine Tätigkeit bei der Regelung der Vermögensangelegenheiten eine Kostenrechnung auf. Es sind 222,70 RM. In dem Dokument heißt es, die Betroffene sei Else Sara Ury, »wahrscheinlich deutsche Staatsangehörige, abgewandert 12.1.43 mit unbekanntem Aufenthalt«. Dr. Landsberger muss im August die unbezahlte Rechnung noch einmal anmahnen. Die Vermögensverwertungsstelle beim Oberfinanzpräsidenten, die bereits Zehntausende aus dem Vermögen Else Urys herausgeholt hat, schafft es dann schließlich im September, diesen Betrag an »den Juden Dr. jur. Kurt Israel Landsberger« anzuweisen. Die Deportationsakte Else Sara Ury spiegelt den brutalen Bürokratismus der nationalsozialistischen Machthaber in jedem Formblatt und in jeder Verfügung.

In Krummhübel weiß die Verwaltung ebenfalls schon Bescheid. Der zuständige Regierungspräsident in Liegnitz informiert den Oberfinanzpräsidenten in Berlin am 1. Juni 1943 »nach Mitteilung der Staatspolizeileitstelle Berlin ist die genannte Jüdin im Januar d. Js. evakuiert worden (40/23027)«. Im

Mai 1944 richtet der Oberfinanzpräsident Niederschlesien unter dem Betreff »Verwaltung und Verwertung des Vermögens von Reichsfeinden, hier Else Sara Ury« an den Oberfinanzpräsidenten Berlin-Brandenburg – Vermögensverwertungsstelle – folgendes Schreiben: »Durch Schreiben vom 16.3.43 haben Sie mir das Grundstück Krummhübel, Haus ›Nesthäkchen‹ zur Verwaltung und Verwertung übertragen. (…) Der Bürgermeister von Krummhübel hat einen Antrag auf unentgeltliche Übertragung des Grundstücks auf die Gemeinde Krummhübel aufgrund des Führererlasses vom 29.5.41 vorgelegt«. Der Bürgermeister von Krummhübel hat das Haus bekommen. Aber nicht für lange. Seit 1945 heißt der Ort Karpacz und liegt in Polen. Das Haus steht noch. Die Nesthäkchen-Inschrift war entfernt worden.

Else Urys Tod und der Ort des Verbrechens sind viele Jahre für ihren Neffen in London ohne dokumentierten Beleg. Vom letzten Brief seiner Eltern, den er erst nach Kriegsende erhält, weiß er, dass seine Tante evakuiert und er im Testament bedacht wurde. Das Testament ist »beim Amtsgericht Charlottenburg niedergelegt (…). Der Anwalt, Dr. Kurt Landsberger, Berlin, hat von ihr Generalvollmacht erhalten für den Fall, dass sich bei Tante Else irgendetwas ändert.« Klaus Heymann hat das Testament vom Rechtsanwalt Dr. Landsberger bekommen. Es ist am 28. September 1942 unterschrieben. Else Ury verfügt darin, dass Ernst Klaus Heymann der alleinige Erbe sein und ersatzweise Fritz Ury das Erbe antreten soll. Sie macht den Erben zur Auflage: »1. Meine Schwester Frau Käthe Pauline Heymann, geb. Ury und deren Ehemann (…) in Amsterdam aus dem Nachlass zu unterstützen. 2. Meiner Kusine Olga Davidsohn z. Zt. Bogotà, Kolumbien (Südamerika) bei Wallenberg einen einmaligen Betrag von 5000 Reichsmark zu zahlen«. Weiter führt sie aus: »Mein Vermögen besteht heute im Wesentlichen aus
a) meinem Guthaben bei der Commerzbank YZ in Berlin-Charlottenburg, Kaiserdamm 95.
b) meinem Effektendepot bei der gleichen Bank.
c) meinem Grundstück in Krummhübel/Riesengebirge ›Haus

Nesthäkchen‹.

d) meinen Honoraren für Neuauflagen oder Übersetzungen meiner Bücher in andere Sprachen, soweit solche in Zukunft noch fällig werden.

e) meinem Mobiliar und meiner persönlichen beweglichen Habe.

f) der Hypothek auf dem Grundstück in Berlin-Schöneberg, Gotenstraße 21.«

Das Testament spiegelt eindringlich wider, dass Else Ury fest davon ausging, dass die Herrschaft der Nazis bald ein Ende haben und der Raub ihres Vermögens nicht von Dauer sein würde. Sie vererbt Dinge, die lange ihrer Verfügungsgewalt entzogen und enteignet worden waren, und geht offensichtlich davon aus, dass auch ihre Bücher wieder erscheinen und die Zukunft ein anderes Gesicht haben wird.

Else Ury wurde aufgrund der Recherchen ihres Neffen 1948 für tot erklärt. Eine Suchanzeige, die Klaus Heyman beim Internationalen Roten Kreuz aufgab, wurde erst 1976 endgültig beantwortet: ›Ury, Else, 12.1.43, evakuiert zum Konzentrationslager Auschwitz durch geheime Staatspolizei (26. Osttransport).‹

Nur wenige Mitglieder der mit Else Ury verwandten Familien Ury, Heymann, Lachmann, Jachmann und Wallenberg überlebten den Holocaust. Die Familie Jachmann wird 1943 in das KZ Westerbork deportiert, später in Auschwitz ermordet. Käthe Heymann geb. Ury und Hugo Heymann werden zuerst nach Bergen-Belsen, dann in das Getto Theresienstadt und am 29. Oktober 1944 nach Auschwitz deportiert und dort ermordet. Klaus Heymann gründete mit Lieselotte Lachmann eine Familie. Als Offizier der britischen Armee kam er 1945 nach Deutschland und konnte später sein Erbe antreten. Von der Familie überlebten Dr. Ludwig Ury und sein Sohn Fritz mit Frau Helen in London, ebenso Ilse Heymann, die in Israel eine Familie gegründet hatte. Die Geschwister haben sich Ende der Vierzigerjahre wiedergesehen, auch die Tochter kam zu Besuch nach London. Ilse Steinfeld, geb. Heymann starb 1989 in Israel.

160

Am 4. November 2006 wurde im Spielzeugmuseum Karpacz
die von Michael Ebeling und Jürgen Köhler erstellte Ausstellung zu Else Urys Leben und Werk in deutscher und polnischer
Sprache unter großer Anteilnahme eröffnet. Auf diese Weise
ist Else Urys Name nun auch auf das Engste mit der neueren
polnisch-deutschen Geschichte verbunden.

Das ehemalige Haus Nesthäkchen in Karpacz
mit der Inschrift ›Dom Nesthäkchen‹.

Anmerkungen

S. 20 Mischket Liebermann: Im Berliner Ghetto. In: Eike Geisel: Im Scheunenviertel, S. 50

S. 22 Wegweiser durch das jüdische Berlin, S. 94

S. 23 Marion A. Kaplan: Jüdisches Bürgertum. Frau, Familie und Identität im Kaiserreich. Hamburg 1997, S. 52–54

S. 24 ebenda, S. 53

S. 27 Hannelore Kempin: Beitrag zur Broschüre der Wanderausstellung über Else Ury. In: Wiedersehen mit Nesthäkchen. Else Ury aus heutiger Sicht. Materialien zur Ausstellung. Berlin 1997, S. 7

S. 28 Else Ury: Nesthäkchens erstes Schuljahr, S. 76f.

S. 33 Bettina Münchmeyer-Schöneberg: „Reisen" bei Else Ury. In: Wiedersehen mit Nesthäkchen. Else Ury aus heutiger Sicht. Materialien zur Ausstellung. Berlin 1997, S. 14

S. 34 Else Ury: Wie einst im Mai. Vom Reifrock bis zum Bubikopf. Stuttgart Berlin Leipzig 1930, S. 28

S. 36 Kreuzzeitung vom 6.12.1930; Else Ury: Wie einst im Mai, S. 270f.; ebenda, S. 22; ebenda, S. 99

S. 38 Marion A. Kaplan: Jüdisches Bürgertum. Frau, Familie und Identität im Kaiserreich, S. 185

S. 39 Else Ury: Wie einst im Mai, S. 136; ebenda, S. 151

S. 48 Else Ury: Was das Sonntagskind erlauscht. Berlin o. J. (1905), S. 5–7

S. 50 Else Ury: Studierte Mädel. Stuttgart Berlin Leipzig 1906

S. 51 ebenda, S. 157

S. 52 ebenda, S.167

S. 53 *Bergisch-Märkische Zeitung* vom 13.1.1929

S. 57 *Berliner Volkszeitung* vom 3.12.1913; Zitiert in: Barbara Asper und Theodor Brüggemann: Über eine frühe Erzählung von Else Ury: Im Trödelkeller. In: Die Mahnung. Berlin 41. Jg. 1.2.1994

S. 58 Else Ury: Im Trödelkeller. In: Sammlung preisgekrönter Märchen, Frankfurt 1925, S. 104ff.; S. 105; ebenda

S. 59 Else Ury: Die erste Lüge. In: Wegweiser für die Jugendliteratur, Berlin 1911, S. 27f.

S. 60 Bettina Münchmeyer-Schöneberg: „Reisen" bei Else Ury, S. 13

S. 62 Jugendschriftenwarte. Sonderbeilage der Pädagogischen Zeitschrift. Hrsg. H. Wolgast. 21. Jahrgang. Ausgabe 1913

S. 64 Else Ury: Mutterfreuden. In: Königliche privilegierte Berlinische Zeitung von Staats- und gelehrten Sachen. *Vossische Zeitung.* Morgenausgabe. 10. Dezember 1910. Feuilleton.

S. 65 *Berliner Börsenkurier* vom 5.1.1913; *Vossische Zeitung* vom 5.1.1913; *Berliner Morgenpost* vom 5.1.1913; Else Ury: Das graue Haus, Stuttgart Berlin Leipzig o. J. (1914), S. 6

S. 69 Else Ury: Nesthäkchen und der Weltkrieg, Berlin o. J. (1916/17). Die folgenden Abschnitte sind weitgehend dem Buch entnommen; bei wörtlichem Zitat sind die Seitenzahlen fortlaufend angegeben. ebenda, S. 7/8; S. 15

S. 70 ebenda, S. 10/11

S. 71 ebenda, S. 18; S. 33

S. 72 ebenda, S. 36; S. 7/8

S. 73 ebenda, S. 35

S. 74 ebenda, S. 173; S. 191

S. 75 Else Ury: Nesthäkchen im weißen Haar, 1928, S. 210

S. 76 Else Ury: Nesthäkchen und der Weltkrieg, S. 19; S. 46

S. 78 ebenda, S. 98; S. 108; S. 100

S. 81 Else Ury: Lieb Heimatland. In: Das Kränzchen. 28. Folge. Band I. 2. S. 820

S. 85 Else Ury: Nesthäkchen und ihre Puppen, S. 7

S. 86 Else Ury: Nesthäkchen und ihre Puppen. Genehmigte Taschenbuchausgabe Oktober 1996 nach der Originalausgabe. München 1996, S. 11

S. 87 Marion A. Kaplan: Jüdisches Bürgertum, S. 185f.

S. 89 Else Ury: Nesthäkchens Backfischzeit, S. 69

S. 94 Else Ury: Nesthäkchen im weißen Haar, München 1996 (TB), S. 219f.

S. 95 *Breslauer Zeitung* vom 20.3.1926

S. 101 Else Ury: Für meine Nesthäkchenkinder, S. 6

S. 102 Ernest K. Heyman: Else Ury – meine zweite Mutter. London, den 16.02.2006

S. 106 Else Ury: Das Rosenhäusel. Eine Erzählung aus dem Riesengebirge für die reifere Jugend. Berlin, 1931, S. 5; Jutta Radczewski-Helbig: Das Rosenhäusel. Eine Erzählung aus dem Riesengebirge oder Wirklichkeit und Fiktion bei Else Ury (1877–1943). Sonderdruck Université de Savoie, Chambéry – Frankreich, S. 1; Else Ury: Das Rosenhäusel, S. 6; Jutta Radczewski-Helbig: Das Rosenhäusel. Eine Erzählung aus dem Riesengebirge oder Wirklichkeit und Fiktion bei Else Ury (1877–1943). Sonderdruck Université de Savoie, Chambéry – Frankreich, S. 4

S. 107 Else Ury: Das Rosenhäusel, S. 32

S. 108 Else Ury: Jugend voraus. Berlin 1933, S. 48

S. 109 ebenda, S. 45; S. 67; S. 87; S. 115

S. 110 ebenda, S. 201; S. 199f.; S. 200

S. 111 ebenda, S. 204f.

S. 113 Angelika Grunenberg: Die Welt war so heil. Die Familie der Else Ury. Chronik eines jüdischen Schicksals. Berlin 2006, S. 73

S. 115 Monika Richarz: Jüdisches Leben in Deutschland. Selbstzeugnisse zur Sozialgeschichte 1918–1945, S. 41; Paul Spiegel: Wieder zu Hause? Berlin 2001, S. 11

S. 116 Simone Ladwig-Winters: Anwalt ohne Recht. Das Schicksal jüdischer Anwälte in Berlin nach 1933. Berlin 1998, S. 38

S. 120 Magda Trott: Försters Pucki. Stuttgart o. J.; Gabriele Haefs: Pucki aus dem Frauenland. In: Emma 12/91, S. 59f.

S. 121 Irene Graebsch: Geschichte des deutschen Jugendbuches, Leipzig 1942, S. 163

S. 124 Eike Geisel u. Hendrik M. Broder: Premiere und Pogrom. Der jüdische Kulturbund 1933–1941. Berlin 1992, S. 40

S. 125 zitiert in: A. Grunenberg, S. 69; ebenda, S. 76

S. 130 Peter Aley: Jugendliteratur im Dritten Reich, Hamburg 1967, S. 87

S. 133 Der Judenpogrom 1938. Von der Reichskristallnacht zum Völkermord. Hrsg. W. Pehle. Frankfurt 1988, S. 56

S. 135 Ruth Andreas-Friedrich: Der Schattenmann. Tagebuchaufzeichnungen 1938–1945, Berlin 1947, S. 35/36

S. 136 Geisel/Broder: Premiere und Pogrom, S. 268

S. 140 zitiert in: A. Grunenberg, S. 224

S. 146 Juden in den Niederlanden.
Internet: www.projektgegenpart.org und
www.geschichtsverein-koengen.de/Holocaust.htm

S. 151 Ladwig-Winters, S. 162

S. 152 R. Andreas-Friedrich, S. 87

S. 155 Jacob Jacobsen. 1888–1968. In: Monika Richarz: Jüdisches Leben in Deutschland, Band III, S. 409f.

S. 156 Information des Centrum Judaicum Berlin: »Wichtig ist auch, dass Else Ury nicht vom Bahnhof Grunewald abfuhr, sondern vom Güterbahnhof Moabit, auch bekannt unter Bahnhof Quitzow- oder Putlitzstraße.«

S. 157 Götz Aly: Hitlers Volksstaat, S. 195ff.

S. 161 Michael Ebeling u. Jürgen Köhler: Else Ury. Leben und Werk. Ausstellung vom 4. November 2006 bis 10. Mai 2007 im Spielzeugmuseum Karpacz

Zeittafel zum Leben von Else Ury

1877 Geboren am 1. November in Berlin-Mitte, Heiligegeiststraße. Eltern: Franziska Ury, geb. Schlesinger (1847–
1940), Emil Ury (1835–1920) Teilhaber, später Eigentümer der Tabakfabrik Jacob Doussin & Co, Heiligegeiststraße 21; Geschwister: Ludwig (1870–1963) wird
Rechtsanwalt, Hans (1873–1937) Arzt

1881 Schwester Käthe geboren (1881–1944)

1884 Schulbeginn im Königlichen Luisen Lyzeum, Ziegelstraße, Berlin-Mitte

1894 Ende des Lyzeums nach der Selecta

1900 Erste Artikel in der *Vossischen Zeitung* unter Pseudonym

1901 Dr. Hans Ury eröffnet am Savignyplatz 7 in Charlottenburg seine Arztpraxis; Käthe macht ihr Lehrerinnen-
examen

1902 Käthe heiratet Baurat Hugo Heymann (1873–1944)

1903 Lisbeth Heymann wird geboren (1903–1943)

1905 Erste Buchveröffentlichung im Globus Verlag: *Was das
Sonntagskind erlauscht*; Umzug in die Kantstraße 30

1906 Fritz Ury (1906–1975), Sohn von Ludwig und Else, geb.
Friedländer geboren; bei Union Deutsche Verlagsgesellschaft erscheint *Studierte Mädel*

1908 Bei Meidinger's Jugendschriftenverlag Berlin erscheint
das Märchenbuch *Goldblondchen*; Else Ury beteiligt sich
an dem Märchenwettbewerb der B'nei B'rith Loge; *Im
Trödelkeller* erscheint in der *Sammlung preisgekrönter Märchen und Sagen*

1909 Marlene Ury, Tochter von Ludwig und Else Ury, geboren; Kontakt zu der Illustrierten Mädchenzeitung *Das
Kränzchen*; Else Ury schreibt die Erzählung *Vierzehn Jahr'
und sieben Wochen* als Fortsetzungsgeschichte

1910 *Baumeisters Rangen* und *Babys erstes Geschichtenbuch* für die
Kleinen erscheinen bei Meidinger's Jugendschriftenverlag

1912 *Das graue Haus* erscheint als Fortsetzungsgeschichte

1913 Die Jugendschriftenwarte empfiehlt *Goldblondchen* als
lesenswert für die dritte Schulklasse; die Erzählung

Kommerzienrats Olly erscheint; ebenso der erste Band der Nesthäkchen-Serie *Nesthäkchen und ihre Puppen; Der Sandmann*, ein Theaterstück für Kinder, feiert in Berlin-Kreuzberg Premiere

1914 *Huschelchen und andere Schulmädchengeschichten* und *Nesthäkchens erstes Schuljahr* erscheinen; Else Ury schreibt für *Das Kränzchen* die Erzählung *Dornröschen* als Fortsetzungsgeschichte

Der Erste Weltkrieg beginnt

1914 – 1918 Weitere Arbeit an der Nesthäkchen-Serie; bis Kriegsende erscheinen *Nesthäkchen im Kinderheim* (1915), *Nesthäkchen und der Weltkrieg* (1916), *Nesthäkchens Backfischzeit*, und *Das Ratstöchterlein von Rothenburg.* Im *Kränzchen* erscheint der Kriegsroman *Lieb Heimatland*; zum gleichen Thema der Roman *Flüchtlingskinder*

1918 Klaus, jüngster Sohn von Käthe Heymann, geboren; *Lotte Naseweis und andere Schulmädchengeschichten* erscheinen

1919 *Lieb Heimatland* wird im Union Verlag Leipzig veröffentlicht

1920 Im Januar stirbt der Vater, Emil Ury; Else Ury schreibt *Lilli Liliput* und *Nesthäkchen fliegt aus dem Nest*

1921 Arbeit an weiteren Bänden der Nesthäkchen-Serie

1922 *Hänschen Tunichtgut* erscheint

1923 Else Ury arbeitet an einer neuen Serie von Professors Zwillingen; der erste Band *Professors Zwillinge Bubi und Mädi* und *Nesthäkchen und ihre Küken* erscheinen

1924 *Jungmädelgeschichten, Nesthäkchens Jüngste* und *Nesthäkchen und ihre Enkel* erscheinen

1925 Der letzte Band *Nesthäkchen im weißen Haar* erscheint; die zehnbändige Nesthäkchen-Serie ist fertig

1926 Else Ury unterschreibt den Kaufvertrag für das Haus Emden, später ›Haus Nesthäkchen‹ in Krummhübel; im Radio werden ihre Geschichten vorgelesen; *Professors Zwillinge in der Waldschule* erscheint

1927 *Professors Zwillinge in Italien*; Italienreise mit Bruder Hans

1928 *Professors Zwillinge im Sternenhaus* erscheint

1929 – 1932 Der letzte Band der Serie *Professors Zwillinge. Von der Schulbank ins Leben* wird veröffentlicht; im Kinderkalender von Meidinger beantwortet Else Ury die Nesthäkchenpost und gibt weitere Kinderbücher heraus; Frau und Tochter ihres Bruders Ludwig sterben; die Geschwisterfamilie zieht mit Mutter und Pflegerin zum Kaiserdamm 24; Peter Jachmann geboren (1932 – 1943), Sohn von Lisbeth Jachmann, geb. Heymann und Berthold Jachmann

1933 30. Januar: Machtergreifung durch die Nationalsozialisten April: Dr. Ludwig Ury muss seine Anwaltszulassung neu beantragen; aufgrund einer Sondererlaubnis kann er weiter arbeiten; ebenso Dr. Hans Ury, obwohl den meisten jüdischen Ärzten die Kassenzulassung entzogen wird; Else Ury schreibt *Jugend voraus*, erschienen wahrscheinlich im Herbst

1935 Februar: Ilse Heymann emigriert nach Palästina 6. März: Ausschluss Else Urys aus der Reichsschrifttumskammer; 15. September: Schwager Heymann wird infolge der Nürnberger Rassegesetze entlassen und später zwangsweise in den Ruhestand versetzt

1936 Klaus Heymann macht Abitur; zum Architektur-Studium nach London

1937 7. September: Dr. Hans Ury stirbt an einer Überdosis Tabletten; Versuche, Übersetzungen ihrer Märchen in England zu verkaufen, bleiben erfolglos

1938 April: Fahrt nach London zu den Neffen Klaus Heymann und Fritz Ury; im Sommer mit der Mutter in ›Haus Nesthäkchen‹; August: Zwangsvornamen eingeführt: aus Else Ury wird Else Sara Ury; Bruder Ludwig verliert endgültig die Anwaltspraxis; Oktober: in den Reisepass wird ein »J« gestempelt; 9./10. November: Pogromnacht; die Wohnung Kaiserdamm 24 bleibt unbehelligt

1939 Im April emigrieren die Eltern Heymann nach Amsterdam zu Familie Jachmann; Dr. Ludwig Ury emigriert nach London; im August zum letzten Mal mit der Mutter in Krummhübel; Umzug in die Solinger Straße 10 in Alt-Moabit

1. September: Beginn des Zweiten Weltkriegs

1940 Im April stirbt die Mutter Franziska Ury, geborene Schlesinger mit 93 Jahren; letzter Brief an Klaus Heymann nach London

1941 Ab September: Zwang zum Tragen des Judensterns; Kusine Toni Davidsohn-Levy bekommt die Aufforderung zur Deportation, nimmt Tabletten und stirbt im Jüdischen Krankenhaus, Else Ury steht ihr bei; April: ›Haus Nesthäkchen‹ beschlagnahmt; Else Ury muss eine Vermögenserklärung abgeben; Juli: über das Rote Kreuz letzter Brief an Ludwig nach London

1942 Januar: sogenannte Wannsee-Konferenz über den Völkermord an den europäischen Juden; 29. September: letzte Nachricht über Else Ury nach Amsterdam; sie schreibt ihr Testament und hinterlegt es bei Dr. Kurt Landsberger; Klaus Heymann wird zum Alleinerben erklärt

1943 Am 6. Januar wird Else Ury in die Deportationssammelstelle gebracht; am 11. Januar wird ihr die Verfügung über die Einziehung ihres Vermögens zugunsten des Deutschen Reiches überbracht; am 12. Januar wird Else Ury, zusammen mit 1 100 Berliner Juden, unter der Transportnummer 638 vom Güterbahnhof Moabit, auch als Bahnhof Putlitzstraße bekannt, aus in einem Güterwaggon nach Auschwitz deportiert; der Zug kommt am nächsten Tag dort an; ihr kleiner Koffer trägt die Aufschrift: Else Sara Ury, Berlin – Solinger Str. 10; Else Ury wird noch am gleichen Tag direkt von der Rampe aus in die Gaskammer getrieben und ermordet; Todestag von Else Ury: 13. Januar 1943.

Im Trödelkeller
von Else Ury

Ein großer Posten alter Lumpen und zerbrochenes Gerümpel
war heute in dem Keller des Trödlers abgeladen worden, und
die neuen Ankömmlinge stießen überall auf unwirsche Gesichter und unfreundlichen Empfang.

»Bitte kommen Sie mit Ihrem schmutzigen Kleid nicht an
meinen schönen roten Samtrock«, knarrte ein alter Lehnsessel
erbost zu dem sich bescheiden in die Ecke drückenden hinzu-
gekommenen Sack, »ich habe einst im Zimmer eines Grafen
gestanden.« Er warf sich stolz in die Brust, daß es bedenklich
in seinen morschen Fugen knackte. – »Trotzdem haben Sie in
dem vornehmen Hause wenig Lebensart gelernt«, meinte der
Sack schlagfertig, und der Lehnsessel brummte etwas von
»sackgrob« zwischen seinen lückenhaften Zähnen.

Dicht neben dem Sack hatte sich ein Stückchen blinde und
rostige Silberborte einquartiert, ein zerschlissenes, buntes
Seidenkleid rückte hochmütig von der unansehnlichen Nach-
barin ab.

»Kommen Sie zu mir, liebes Fräulein«, wisperte es leise;
es war ein winziger, kleiner Gesell, der da sprach. Ein gelbes
Blechröckchen hatte er an, aus dem eine dünne Pergamentrolle
mit seltsamen, verwischten Zeichen hervorlugte. »Wir wollen
uns etwas aus unserer Jugendzeit erzählen.«

»Da bin ich auch dabei«, meinte der alte Sack und rollte sich
näher, »wenn man erst über die Siebzig ist, lebt man doch nur
noch in der Vergangenheit.«

Auch das andere Gerümpel, das die neuen Mieter eben
noch geschmäht, machte plötzlich freundliche Mienen und
spitzte die Ohren, denn Geschichten hörten sie in ihrer Weltab-
geschiedenheit alle gern.

»Sie sind wohl der Älteste von uns«, wandte sich die blinde
Silberborte an den Sack, »Sie müssen den Anfang machen.«

Der Sack strich sich seine Falten zurecht, räusperte sich und
begann: »Niemand von Ihnen, meine Herrschaften, ist wohl
in der Welt so weit herumgekommen als ich. Auf dem Rük-

ken eines armen jungen Juden habe ich meine Reise gemacht, frohe und böse Tage, gute und schlechte Zeiten haben wir als getreue Kameraden miteinander geteilt. Kein leichtes Brot war es, das Hausieren, wenn die glühende Sommersonne auf die weiße, schattenlose Chaussee niederbrannte, auf der mein Herr von Dorf zu Dorf zog! Dann machte ich mich so dünn und leicht, wie nur irgend möglich, um ihm den mühseligen Weg nicht noch mehr zu erschweren. Mancher Tropfen sauren Schweißes hängt an meinem Gewebe. Und im Winter – huh! – wenn die Bauern und Stadtleute am warmen Ofen hockten, dann watete mein Herr mit mir, von der eisigen Kälte fast erstarrt, durch den fußhohen Schnee von Haus zu Haus. Und gar oft schlug man ihm die Türe mit rauhem Wort vor der Nase zu. Ja, es gibt recht garstige Menschen in der Welt! Frierend und hungernd wanderte er weiter, doch kein böses Wort gegen seine Mitmenschen hörte ich je von seinen Lippen, wohl aber fromme Gebete und heilige Lieder, denn er war von Herzen gottesfürchtig.

Aber auch Frohes erlebten wir zwei auf unserer Wanderung. Wie jubelten die Kinder, wenn ich und mein Herr das Dorf betraten, und die Dirnen und Burschen liefen herzu, um neugierig meinen Inhalt zu mustern. ›Der Jud ist da!‹, wie ein Lauffeuer verbreitete es sich durch das ganze Dorf, bald waren wir von einem dichten Kreis Kauflustiger umringt. Was beherbergte ich aber auch alles in meiner Tiefe! Bunte Puppen, lustige Hampelmänner und billiges Spielzeug für die Kleinen, grellrote Bänder, Schürzen, Ohrringe, Nadeln, Zwirn und wohlriechende Seife für die langzopfigen Dirnen; farbige Hosenträger, Mützen, Pfeifen und funkelnde Busennadeln für die Burschen; schön bemalte Sacktücher, rote und blaue Regenschirme, warme wollene Schals und Schnupftabakdosen für die Alten.

Wenn sich aber der Sabbat auf Friedensflügeln herniedersenkte, dann hatte das Handeln und Feilschen ein Ende, dann legte mein Herr seine Festtagskleider an, und Festtag wurde es auch in seinem Herzen. – An einem eisigen Freitagabend war es, ich weiß es noch wie heute, da kamen wir von langer Wanderung in diese Stadt. Hungrig und müde war mein Herr, aus allen Fenstern schimmerte freundliches Licht, aber keine Tür öffnete sich und keine Stimme sagte: ›Kehre nur ein bei uns!‹ Nur die Tür zum Gotteshaus war geöffnet und Gottes Stimme richtete den Müden auf.

Fromm und andächtig wie stets betete mein Herr. Als der Gottesdienst zu Ende war, trat an der Synagogentür ein freundlicher alter Mann auf ihn zu.

›Wie heißt Du und wo bist Du daheim?‹ fragte er ihn.

›Joseph nennt man mich‹, sprach mein Herr bescheiden, ›überall und nirgends bin ich daheim, ich bin ein armer Hausierer.‹

›Komme mit mir, mein Sohn,‹ der Alte faßte freundlich seine Hand, ›ich habe Wohlgefallen an deinem ehrlichen Gesicht und deiner Frömmigkeit gefunden. Wärme dich an meinem Ofen, sättige dich an meinem Tische und ruhe unter meinem Dache!‹

So kamen wir an das Haus des menschenfreundlichen Mannes.

In dem traulich erleuchteten Zimmer stand der festlich gedeckte Tisch mit den schimmernden Sabbatlichtern, welche die Frau des Hauses entzündete. Mit mildem Lächeln begrüßte sie den jungen Gast.

Und Miriam, das schlanke, schwarzäugige Töchterlein, die lieblicher blühte als die Rose Sarons, brachte dem armen Fremdling die dampfende Suppe und sprach liebe, herzenswarme Worte zu ihm. – Traurig wollten wir am nächsten Tag wieder das Bündel schnüren und weiter in die rauhe Winterkälte hinausziehen, da sprach unser Wirt:

›Joseph, ich habe dich liebgewonnen, du bist fromm, klug und gut, bleib bei uns, ich kann eine junge tüchtige Kraft in meinem Geschäft gebrauchen.‹

Ach wie glücklich waren wir beide, strahlend blickte mein Herr auf die liebste Miriam, die errötend die schimmernden Augen senkte. – Nicht lange, so ward mein Herr Schwiegersohn seines ehemaligen Gastfreundes; Miriam waltete als anmutige Hausfrau im trauten Hause des vor kurzem noch Heimatlosen.

Mich aber, den treuen Zeugen seiner Armut und seiner Verlassenheit, mich hielt der Joseph stets in Ehren, und gar oft zeigte er mich seinen Kindern, auf daß sie stets bescheiden und demütig bleiben.« Der Sack wischte sich mit der rauhen Hand eine Wehmutsträne aus dem Auge, er schwieg, in alte Erinnerungen versunken.

Da hub das Stückchen Silberborte zu sprechen an, und ihre Stimme klang geradeso eingerostet, wie ihr Aussehen war: »Wir sind Landsleute, lieber Herr, auch mein Leben hat sich in dem Hause Josephs und Miriams abgespielt.

Heute bin ich alt, häßlich und blind, aber einst war ich die schönste, glitzerndste Silberborte, die je eine weiße Atlasmütze geziert hat. Ja, solch stolzen Platz hatte ich inne und nur am Pessachfest und am Versöhnungstage drückte mich mein Herr fromm aufs Haupt. – Am Hochzeitstage Josephs schlug ich zum ersten Mal meine blinkenden Augen auf, als die junge Braut mich und meinen Gefährten, den langen weißen Kittel, ihrem jungen Gatten überreichte. Und von diesem Tage an habe ich den Joseph treu durchs Leben begleitet – bis zuletzt.

Ach, was für erhebende Sederabende haben wir zusammen verlebt, auf seidenen Kissen haben wir gesessen, mein Herr und ich, und im Schein der hellen Festtagskerzen flimmerte und glitzerte ich zur Freude aller Kinder. Heller aber noch als mein Glanz strahlte das Auge des Hausherrn, wenn es auf sein getreues Weib und auf die blühende gesunde Kinderschar fiel, die sich allmählich um den Festtagstisch sammelte. Noch heute höre ich das fragende Stimmchen des Jüngsten, der mit Stolz die erste hebräische Leseprobe in der ›Manischtanno‹ ablegt. Ich höre den Vortrag des Vaters, der den aufhorchenden Kleinen von der wunderbaren Errettung der Israeliten aus ägyptischer Knechtschaft berichtet, und ich vernehme wieder die lieben alten Gesänge aus frischen jungen Kinderkehlen.

Und die Versöhnungstage – wie andächtig war mir stets zumute, wenn der Vater den sich um ihn scharenden Kindern feierlich die Hand aufs Haupt legte und den Segen Gottes auf sie herabflehte. Wenn er sein Weib und seine Kinder in die Arme schloß und erhobenen Herzens mit ihnen zum Tempel schritt, um losgelöst von allem Irdischen den heiligen Tag in heiligen Mauern zu begehen.

Ich sah die Kinder heranwachsen, die Buben und Mädchen, ich sah den Wohlstand des Hauses emporblühen.

Und dann kam ein Tag« – die Stimme der Silberborte wurde leiser – »ein Tag, an den ich denken werde solange ich lebe. Die Hausfrau weckte mich wie stets aus meinem Schlafe, verwundert rieb ich mir die Augen blank – war denn schon wieder ein halbes Jahr vergangen? Aber wie ward mir – Frau Miriam griff zur Schere, und mit zitternder Hand trennte sie mich von der weißen Atlasmütze. Heiße Tränen tropften aus ihren Augen auf mein glänzendes Kleid – da wurde ich unansehnlich und rostig. Und ich wußte es, auch ohne daß es mir einer gesagt hätte, der Joseph war dahingegangen. Meine Kameraden, die Atlasmütze und den weißen Kittel, gab man ihm mit ins Grab, aber von all seinem Wohlstand durfte er nicht einmal mich Stückchen Silberborte mit sich nehmen.

Da weinte ich, bis ich ganz blind geworden. Wie nichtig und eitel ist doch Geld und Gut!« Die alte blinde Silberborte nickte nachdenklich vor sich hin.

»Da haben Sie nur zu sehr recht«, mischte sich die kleine gelbe Messingrolle jetzt ins Gespräch, »auch ich weiß ein Lied davon zu singen. Bei dem ältesten Sohn Josephs habe ich mein Leben zugebracht; in meinem unscheinbaren Gewande berge ich das heiligste Gebet der Israeliten, das ›Höre Israel!‹

Mit eigener Hand befestigte mich Joseph, als sein Sohn ein eigenes Heim gründete, an dem Türpfosten des neuen Hauses. Den Ehrenplatz hatte ich inne, an der Pforte zum Staatsgemach prangte ich. Und wer durch die Tür trat, berührte mich ehrerbietig mit den Lippen. – Der Reichtum im Hause stieg – aber die Ehrfurcht, die man mir zollte, nahm in gleichem Maße ab.

Eines Tages fand die Frau des Hauses, daß ich zu unansehnlich für das Prunkgemach sei, und man wies mir meinen Platz an der Speisezimmertür an. Eigentlich war meine neue Wohnung viel interessanter, ich sah mehr Menschen, aber es kränkte mich doch, daß man über mein bescheidenes Kleid den heiligen Inhalt vergaß.

Und dann, was ich jetzt zu sehen bekam, betrübte mich recht.

Was war aus der innigen Frömmigkeit und dem traulichen Familienleben, wie der Sohn es im Hause des Vaters vor sich gesehen hatte, geworden! Laute Feste, geräuschvolle Gesellschaften und geputzte Menschen bekam ich zu sehen, sie schlemmten und praßten, aber keiner dachte daran, Gott für die genossenen Speisen dank zu sagen. – Und immer mehr stieg der Reichtum – und da wurde ich auch für das Speisezimmer zu gering. An die Tür zum Kinderzimmer nagelte man mich. Aber auch dort wurde mein Herz nicht froher, die armen Kinder dauerten mich.

Da wuchsen sie nun auf, ohne Frömmigkeit, ohne Ehrfurcht vor den Geboten ihrer Religion. Das Schönste im Leben eines Kindes, das noch im späten Alter die vergangene Jugendzeit mit goldenem Märchenzauber umwebt, das innige jüdische Familienleben und die Weihe der Festtage lernten sie nicht kennen. Auch mich kannten und ehrten sie nicht, und eines Tages löste mich gar ein mutwilliger Knabe keck von meinem Pfosten.

Schon sollte ich in den Kehricht wandern, da fand mich der Hauherr, und ein Erinnerungsfunken an das Haus seines Vaters glomm wohl in ihm auf, denn er nahm mich empor und schlug mich an die – Küchentür!

Ganz, ganz hinten, am Ausgang, hatte ich jetzt ein bescheidenes Plätzchen, da wohnte ich viele Jahre. – Ohne Gottesauge gedeiht nichts, das sollte sich auch in diesem Hause bewahrheiten.

Von meinem so abgelegenen Platz konnte ich es nicht beobachten, wie schnell der erworbene Reichtum nach und nach wieder abnahm. Aber eines Tages drangen Männer in das Haus, sie schleppten die seidenen Polstern und kostbaren Geräte davon, ein Stück nach dem anderen sah ich an mir vorübertragen. Da war es mit der ganzen Herrlichkeit zu Ende. Und mich, der einst so hochgeehrt, riß die Köchin mit rauher Hand vom Türpfosten. Ich wanderte zu den Lumpen und altem Gerümpel, mit dem auch Sie wohl, meine Herrschaften«

– die Messingrolle wandte sich zu dem Sack und der Silberborte – »hierhergekommen sind. Ja – ja – so geht's im Leben!«

Sie verstummte plötzlich – die Tür knarrte, der Trödler war in den Keller getreten. Die Silberborte wanderte mit all den anderen Lumpen in den Sack, und der Trödler nahm die ganze Gesellschaft auf den Rücken und trug sie zur Papiermühle.

Die kleine Messingrolle aber kam wieder zu Ehren – »eine Mesusa« – rief der Trödler überrascht, hob sie sorgsam auf und befestigte sie an der Tür seines Kellers – da könnt ihr sie noch heute sehen!

Aus: Sammlung preisgekrönter Märchen und Sagen. Herausgegeben von der Jugendschriften-Kommission der U. O. Bnei Briss. Stuttgart 1925, S. 99–106

Literatur

Aigner, Dietrich: Die Indizierung schädlichen und unerwünschten Schrifttums im Deutschen Reich. Frankfurt 1971

Aley, Peter: Schriften zur Buchmarktforschung. Jugendliteratur im Dritten Reich. Hamburg 1967

Aly, Götz: Hitlers Volksstaat. Raub, Rassenkrieg und nationaler Sozialismus. Frankfurt a. M. 2005

Andreas-Friedrich, Ruth: Der Schattenmann. Tagebuchaufzeichnungen 1938–1945. Frankfurt 1986

Arendt, Hannah: Elemente und Ursprünge totaler Herrschaft. München 1986

Asper, Barbara: Schatten der Vergangenheit. In: Fundevogel. Kritisches Kinder-Medien-Magazin, 1992, Heft 98, S. 12- 13

Asper, Barbara / Brüggemann, Theodor: Über eine frühe Erzählung von Else Ury ›Im Trödelkeller‹. In: Die Mahnung 40, 1994, Heft 2, S. 7–8

Aufrufe und Reden deutscher Professoren im Ersten Weltkrieg. Stuttgart 1975

Bäumer, Gertrud: Die deutsche Frau in der sozialen Kriegsfürsorge, Gotha 1916; dieselbe: Die Frauen und der Krieg. o. O. 1919

Brenner, Hildegard: Die Kunstpolitik des Nationalsozialismus. Reinbek 1963

Brentzel, Marianne: Sigmund Freuds Anna O. Das Leben der Bertha Pappenheim. Leipzig 2004

Brockhaus-Enzyklopädie in 24 Bänden. 19., völlig neubearb. Auflage Mannheim 1986ff.

Brüggemann, Theodor: Handbuch zur Kinder- und Jugendliteratur. Osnabrück 1986

Bücherverbrennung 10. Mai 1933. Informationen zur Zeit. Hrsg. Ulrich Walberer. Frankfurt 1987

Cauer, Minna: Frauenwohl. Zeitschrift 1893ff.; dieselbe: Die Frauenbewegung. Zeitschrift 1895f.

Courage. Aktuelle Frauenzeitung. Opfer oder Täter? Frauen im 1. Weltkrieg. Eine Serie von Detel Aurand und Irene Stoehr. 7. Jahrgang 1982, Heft 11 und 12

Dahm, Volker: Das jüdische Buch im Dritten Reich. Sonderdruck aus dem Archiv zur Geschichte des Buchwesens. Frankfurt 1979

Dahrendorf, Malte: Das Mädchenbuch. In: Kinder- und Jugendliteratur. Stuttgart 1974; derselbe: Das Mädchenbuch und seine Leserin. Jugendlektüre als Instrument der Sozialisation. Beltz Monografien. 1978

Der Judenpogrom 1938. Von der Reichskristallnacht zum Völkermord. Hrsg. W. Pehle. Frankfurt 1988

Deutschkron, Inge: Ich trug den gelben Stern. München 1985

Dick, Jutta / Sassenberg, Marina: Jüdische Frauen im 19. und 20. Jahrhundert. Lexikon zu Leben und Werk. Reinbek bei Hamburg 1993

Dohm, Hedwig: Sommerliebe. Freiluftnovellen. Frankfurt 1990; dieselbe: Emanzipation. Zürich 1977; dieselbe: Jugenderinnerungen einer alten Berlinerin. Berlin 1958

Domin, Hilde: Mein Judentum. München 1985

Dyhrenfurth-Graebsch, Irene: Geschichte des deutschen Jugendbuches; als: Graebsch, Irene. Leipzig 1942; als Dyhrenfurth-Graebsch, Irene. Hamburg 1951; als: Dyhrenfurth, Irene. Zürich/ Freiburg 1967

Fenelon, Fania: Mädchenorchester in Auschwitz. München 1981

Frauen in der Geschichte. Hrsg. Kuhn / Schneider. Band 1–3. Düsseldorf 1979; Band VI. Hrsg. Joeres, Ruth-Ellen / Kuhn, Annette. Düsseldorf 1985

Freud, Sigmund: Studienausgabe. Band X. Bildende Kunst und Literatur. Frankfurt 1979

Geisel, Eike / Broder, H. M.: Premiere und Pogrom. Der Jüdische Kulturbund 1933–1941. Berlin 1992

Geschichte der deutschen Kinder- und Jugendliteratur. Hrsg. Reiner Wild. Stuttgart 1990

Gidal, Nachum T.: Die Juden in Deutschland von der Römerzeit bis zur Weimarer Republik. Gütersloh 1988

Grieser, Dietmar: Die kleinen Helden. München 1987

Grunenberg, Angelika: Die Welt war so heil. Die Familie der Else Ury. Chronik eines jüdischen Schicksals. Berlin 2006

Gumpert, Thekla: Töchter-Album. Zeitschrift von 1855 ff.

Hauptmann, Gerhart: Das gesammelte Werk. Berlin 1942

Hecht, Ingeborg: Als unsichtbare Mauern wuchsen. München 1987

Heimatmuseum Charlottenburg: Wiedersehen mit Nesthäkchen. Else Ury aus heutiger Sicht. Materialien zur Ausstellung. Berlin 1997

Helm, Clementine: Backfischchens Freuden und Leiden. 1. Aufl. 1863. Mit einem Nachwort von Susanne Zahn: Töchterleben. Zur Sozialgeschichte der Mädchen im 19. Jahrhundert

Hilberg, Raul: Die Vernichtung der Europäischen Juden: Die Gesamtgeschichte des Holocaust. Berlin 1982

Jugendschriftenwarte. Sonderbeilage der Pädagogischen Zeitschrift. Hrsg. H. Wolgast. 21. Jahrgang. Ausgabe 1913

Kaplan, Marion: Jüdisches Bürgertum. Frau, Familie und Identität im Kaiserreich. Hamburg 1997

Kästner, Erich: Pünktchen und Anton. Berlin 1930

Kern, Elga: Führende Frauen Europas. München 1929

Klotz, Aiga: Kinder- und Jugendliteratur in Deutschland 1840–1950. Gesamtverzeichnis der Veröffentlichungen in deutscher Sprache. Repertorien zur deutschen Literaturgeschichte. Stuttgart 1990ff.

Knobloch, Heinz: Meine liebste Mathilde. Berlin 1985; derselbe: Herr Moses in Berlin. Berlin 1979

Köster, Hermann: Geschichte der deutschen Jugendliteratur in Monographien. 2. Auflage des Nachdrucks von 1927. München 1971

Kränzchen, das, Illustrierte Mädchen-Zeitung. Stuttgart. Band 1 1889 (Band 46 1934)

Kuhn, Andrea / Merkel, Johannes: Sentimentalität und Geschäft. Zur Sozialisation durch Kinder- und Jugendliteratur. Berlin 1977

Lange, Helene: Lebenserinnerungen. Berlin 1921 (1966)

Ladwig-Winters, Simone: Anwalt ohne Recht. Das Schicksal jüdischer Rechtsanwälte in Berlin nach 1933. Berlin 1998

Lemke, Ulrich / Poppel, Uwe: Berlin U.-Bahn. Düsseldorf 1985

Lewald, Fanny: Für und wider die Frauen. Vierzehn Briefe. Berlin 1875

Lexikon deutschsprachiger Schriftstellerinnen 1800–1945. Hrsg. von Brinkler-Gabler, G. u. a. München 1986

Masur, Gerhard: Das kaiserliche Berlin. München, Wien, Zürich 1971

Mendelsohn, Peter de: Zeitungsstadt Berlin. Frankfurt 1982

Rathenau, Walther: Staat und Judentum. Eine Polemik. Ges. Schriften Band 1. Berlin 1918

Radczewski-Helbig, Jutta: *Das Rosenhäusel.* Eine Erzählung aus dem Riesengebirge oder Wirklichkeit und Fiktion bei Else Ury (1877–1943). Université de Savoie, Chambéry – Frankreich 2002

Richarz, Monika: Jüdisches Leben in Deutschland. Selbstzeugnisse zur Sozialgeschichte. Band I–III. Veröffentlichung des Leo-Baeck-Instituts New York. Stuttgart 1982

Rogge, Sylvia: Späte Erkenntnis. Das Verhältnis der jüdischen Nesthäkchen-Autorin Else Ury zu Deutschland. In: Tribüne. Zeitschrift zum Verständnis des Judentums. 28. Jg. Heft III. 1989

Rotzoll, Christa: Die Frau in der Literatur. Berlin 1980

Salomon, Alice: Heroische Frauen. Leipzig 1936

Seligmann, Rafael: Die jiddische Mamme. Frankfurt 1990

Serke, Jürgen: Die verbrannten Dichter. Weinheim, Basel 1979

Spiegel, Paul: Wieder zu Hause? Erinnerungen. Berlin 2001

Sprengler, Peter: Gerhart Hauptmann. Epoche – Werk – Wirkung. München 1984

Strothmann, Dietrich: Nationalsozialistische Literaturpolitik. Bonn 1963

Thalmann, Rita: Die Kristallnacht. Frankfurt 1987; dieselbe: Frausein im 3. Reich. München 1984

Trott, Magda: Försters Pucki. Stuttgart 1950 und 11 weitere Bände

Voigt-Firon: Das Mädchenbuch im Dritten Reich. Köln 1989

Wegweiser durch das jüdische Berlin. Geschichte und Gegenwart. Berlin 1987

Wolgast, Heinrich: Das Elend unserer Jugendliteratur. Leipzig 1896

Zahn, Susanne: Töchterleben. Studien zur Sozialgeschichte der Mädchenliteratur. Frankfurt 1983

Zeitungsartikel:
Sämtliche Zeitungsartikel sind aus der Zeitungsausschnittsammlung Steininger im Archiv Bibliographia Judaica, Frankfurt am Main.

Ausgewählte Bibliographie
der Werke von Else Ury

1. Einzelbände in chronologischer Reihenfolge

1905   Was das Sonntagskind erlauscht (Globus) Erzählungen

1906   Studierte Mädel (Union) Roman

1908   Goldblondchen (Globus) Roman

1910   Babys erstes Geschichtenbuch (Meidinger) Erzählungen

1910   Baumeisters Rangen (Meidinger) Roman

1911   Vierzehn Jahr' und sieben Wochen (Union/Kränzchen) Roman

1913   Kommerzienrats Olly (Meidinger) Roman; Der Sandmann kommt

ca. 1913   Nesthäkchen und ihre Puppen

ca. 1914   Nesthäkchens erstes Schuljahr

1914   Huschelchen (Meidinger) Erzählungen

1914   Das graue Haus (Union/Kränzchen) Roman

ca. 1915   Nesthäkchen im Kinderheim

1916   Nesthäkchen und der Weltkrieg

1916   Dornröschen – Fortsetzung zu Vierzehn Jahr' und sieben Wochen (Union/Kränzchen) Roman

1917   Das Ratstöchterlein von Rothenburg (Anton) Roman

1917   Lotte Naseweis (Meidinger) Erzählungen

1918   Flüchtlingskinder (Meidinger) Roman

1918/19   Nesthäkchens Backfischzeit

1919   Lieb Heimatland (Union/Kränzchen) Roman

1920   Lilli Liliput (Union/Kränzchen) Roman

1920/21   Nesthäkchen fliegt aus dem Nest

1921   Hänschen Tunichtgut (Anton) Roman

1923   Nesthäkchen und ihre Küken

1923   Professors Zwillinge Bubi und Mädi

1923   Jungmädelgeschichten / Die beiden Ilsen (Meidinger) Erzählungen

1924   Nesthäkchens Jüngste

1924   Nesthäkchen und ihre Enkel

1925   Nesthäkchen im weißen Haar

1925   Lillis Weg (ins Dichterland) (Fortsetzung zu Lilli Liliput) (Union/Kränzchen) Roman

1925/26   Professors Zwillinge in der Waldschule

1927   Professors Zwillinge in Italien

1928   Professors Zwillinge im Sternenhaus

1929   Professors Zwillinge. Von der Schulbank ins Leben

1929 Studierte Mädel von heute (veränderte Fassung von Studierte Mädel) (Union) Roman
1930 Das Rosenhäusel (Meidinger) Roman
1930 Wie einst im Mai (Union/Kränzchen) Roman
1931 Wir Mädels aus Nord und Süd (Meidinger) Erzählungen
1932 Für meine Nesthäkchenkinder (Meidinger) Erzählungen
1933 Kläuschen und Mäuschen (Meidinger) Erzählungen
1933 Jugend voraus (Meidinger) Roman

2. Reihenfolge der Nesthäkchen-Bände
Nesthäkchen und ihre Puppen
Nesthäkchens erstes Schuljahr
Nesthäkchen im Kinderheim
Nesthäkchen und der Weltkrieg
Nesthäkchens Backfischzeit
Nesthäkchen fliegt aus dem Nest
Nesthäkchen und ihre Küken
Nesthäkchens Jüngste
Nesthäkchen und ihre Enkel
Nesthäkchen im weißen Haar

Ab 1925 zusammengefaßt unter dem Serientitel: Nesthäkchen. Eine Reihe Erzählungen. Nach 1948 erschien die Serie überarbeitet und ohne den 4. Band: Nesthäkchen und der Weltkrieg im Hoch Verlag, später übernommen von Thienemann und als Taschenbuch bei Omnibus.

Weitere Informationen zur Bibliografie der Werke Else Urys in: Aiga Klotz: Kinder- und Jugendliteratur in Deutschland 1840–1950, Band 6

3. Übersetzungen
Holland
1915 Olga Anderson (= Kommerzienrats Olly) (Van Holkema & Warendorf, Amsterdam)
1931 Benjaminnetje en haar poppen (= Nesthäkchen und ihre Puppen) (Van Holkema & Warendorf, Amsterdam)
1932 Benjaminnetje's eerste schooljaar (= Nesthäkchens erstes Schuljahr) (Van Holkema & Warendorf, Amsterdam)
1934 Benjaminnetje op Sonnevanck (= Nesthäkchen im Kinderheim) (Van Holkema & Warendorf, Amsterdam)
Finnland
1924 Hannu veitikka: kertomus nuorille (= Hänschen Tunichtgut) (Kustannusosakeyhtiö Kirja, Helsinki)

Schweden

1923 Rådsherretösen i Rothenburg: en berättelse för unga flickor (= Das Ratstöchterlein von Rothenburg) (Chelius, Stockholm)

Schweiz / Frankreich

1931 Benjamine et ses poupées (= Nesthäkchen und ihre Puppen) (Delachaux et Niestlé, Neuchâtel (Suisse), Paris)

1932 Benjamine à l'école (= Nesthäkchens erstes Schuljahr) (Delachaux et Niestlé, Neuchâtel (Suisse), Paris)

1933 Benjamine au bord de la mer (= Nesthäkchen im Kinderheim) (Delachaux et Niestlé, Neuchâtel (Suisse), Paris)

Norwegen

1936 Annemor og dukkene hennes (= Nesthäkchen und ihre Puppen) (N.W. Damm & Søn, Oslo)

1937 Annemor på skolen (= Nesthäkchens erstes Schuljahr) (N.W. Damm & Søn, Oslo)

1938 Annemor drar hjemmefra (= Nesthäkchen im Kinderheim) (N.W. Damm & Søn, Oslo)

1939 Annemor på egen hånd (= Nesthäkchens Backfischzeit) (N.W. Damm & Søn, Oslo)

USA

2006 Nesthäkchen and the World War (Translated from the German, annotated, and introduced by Steven Lehrer)

Elfi Hartenstein
Jüdische Frauen im New Yorker Exil
10 Begegnungen

128 Seiten, Abbildungen
Halbleinen mit Fadenheftung
ISBN 978-3-931782-55-9

Als der Nationalsozialismus mit der Ausrottung der kulturellen Elite begann, war für viele Jüdinnen – Wissenschaftlerinnen, Künstlerinnen, Schriftstellerinnen – die Flucht über den Atlantik die einzige Möglichkeit, ihr Leben zu retten. Elfi Hartenstein hat diese Frauen besucht. Ihre authentischen Porträts sind ein Zeugnis von radikalem Neuanfang – kraftvoll und bar jeder Rachsucht oder Wehleidigkeit.

Rose Zwi
Letzter Spaziergang Naryshkin Park
Reise in eine fremde Heimat

256 Seiten, zahlreiche Abbildungen
Gebunden mit Schutzumschlag
ISBN 978-3-934703-82-7

Sechs Millionen Juden, Endlösung, Gaskammer, Massengräber – Begriffe, die das Entsetzen auf Abstand halten. Aber wenn Rose Zwi das Schicksal von sechs Familienmitgliedern erzählt, die im litauischen Zagare umgekommen sind, erhalten die Opfer Namen und Gesichter.

Rose Zwi, Tochter litauischer Juden, begibt sich auf die Suche nach der Wahrheit oder doch wenigstens nach einer glaubhaften Version der Lebens- und Leidensgeschichte ihrer Familie.